ヤマザキマリの人生談義

悩みは一日にして成らず

ヤマザキマリ

毎日新聞出版

ヤマザキマリの人生談義
悩みは一日にして成らず

はじめに

東京の仕事場に長く滞在するようになってから、カブトムシやクワガタなどの甲虫の飼育を始めた。彼らは毎年同じ時期に卵から幼虫に孵化《ふか》し、その後数ヶ月掛けて成虫となったと同時に交尾をして、子孫を残すと命を終える。子供の頃私が育った北海道の川では、秋になると産卵のために遠い海から遡上《そじょう》した鮭がお役目を果たした後、傷だらけになって岸辺に打ち上げられている。遺伝子を残すためだけに生命を貫き、潔く死んでいくそうした生き物たちを間近に見ていると、命を複雑化させている人間を思って、つい虚《むな》しいため息が漏れ出てしまう。

やれ孤独だ、やれお金がない、やれ人間関係がうまくいかない。

日々どこからとも無く湧き出てくるこうした人々の悩みの数は果てしないが、だいたいは人生が自分の思い通りにはならないことへの悔しさや、不平不満が原因になっている。理想や目的は生きる力にはなるけれど、同時に失望や諦めもセットになっていることを、私たちはもっと自覚するべきなのだ。

　私たちは疫病という事態と対峙《たいじ》したことで、人生に予定調和など無いということを思い知らされた。人間は怠惰な生き物だから、不必要な体験を避けた安定型の人生を求めてしまうが、現実はそう安直にはできていない。

　私の母は若い頃に第二次世界大戦と真正面から向き合った人間だが、この世代の人々は、そもそも人間の社会に予定調和などないということを痛感している。だからなのか、母の場合は私が何を相談しても「大した問題じゃない」「なんとかなるから気にしなさんな」といった具合に片付けてしまう。

　14歳のときに進路指導の先生に画家になりたいと伝えたところ「食っていけないから、やめろ」と返され、落ち込んでいた私に母が取った手段は「学校を休んで1ヶ月ヨーロッパへ行ってこい。ルーヴル美術館を見てこい」というものだった。無謀極まりなかったがその提案があったから今の私がある。何かに行き詰まったら、視野や価値観を変えられる場所へ移動すること。物理的に無理なら意識を別の方向へ向けること。会社に行くのがいやだ、恋人ができない、といった日本人の悩みにアボリジニーやマサイ族の長老が答えるというテレビ番組を見たことがあるが、彼らの提案の殆《ほとん》どが「ここへ来なさい。一緒に狩りに行こう」というものだった。

悩みに翻弄《ほんろう》されたくなければ、あらゆる悩みと向き合って自分を鍛えることしか方法はない。だけど、悩みを持つことは人間を知ることでもある。思う存分に傷つき、苦悩したあとは、空を見上げ、深呼吸をし、自分たちが生きている地球の大きさを自覚しながらゆっくり立ち上がればいい。それだけである。

ヤマザキマリ

ヤマザキマリの人生談義
悩みは一日にして成らず
目次

2 あの人さえ変わってくれたら…

3 こんな毎日、耐えられない!

4 自分の常識は他人の非常識!?

5 それでも気になる

6 今日もやっぱり五里霧中

7 その一歩が踏み出せない

8 揺れる思い。選ぶならどっち？

1
悩みの根っこはどこにある？

あなたは、どこを見ているのか。
あなたは、どこを目指しているのか。
これからやってくることは、
みな不確かではないか。今すぐ生きなさい。

——セネカ『人生の短さについて』

Q モラハラの彼と別れられない

つい先日、6年交際し、4年同居した彼と別居しました。原因は彼のモラハラです。ぶつけられる暴言やイライラに耐えていたのですが、自分が壊れてしまうのを恐れ、意を決して別居しました。初めての彼氏、結婚を意識した人ということもあり、いまだに別れを切り出せず、また、あんなに苦しかったのに別れたいと思えません。これからどうすべきなのか、自分でもわからなくなってしまいました。

（33歳・女性）

A

モラハラ。相手にそれ程思い入れが無ければ、離れるなり訴えるなり対処すべきでしょうが、そうでないのであれば、その理由を探ってはいかがでしょうか。

昨今では、社会でも家庭でも相手から傷付けられることはだいたい「ハラスメント」

とされます。でも今でこそ「ハラスメント」と称されている辛《つら》い人間関係も、ひと昔前の人々は日々仕方無く向き合いあきらめたり耐えたりしたものでした。一方的に相手を悪人扱いする前に、なぜその人がそんな態度を取ったのか考える余地もあり、実は誰かを傷付けることが、その人自身の自己防衛手段であると気がつくこともありました。あなたがその人から去ることができないのは、そのモラハラに完全な悪意だけを感じられないからだと思います。

私は若い頃、11年付き合った人から、いつもつらい言葉をたたき付けられて過ごしましたが、彼の個人的な苦悩を分かっていたので耐えていました。同情というやつです。でもある日、その同情が全く機能しなくなる瞬間が訪れ、その人と別れました。完全に距離を置くのに2年かかりましたが、決意は同情より強かった。同情はいつかは摩耗し、効力を失うものなのです。

別れるつらさのほうが強いのであれば、本当に限界だと感じるまで寛容に付き合っていくのもありでしょう。とはいえ、こういう返答は一瞬の気慰みに過ぎません。結局どうすべきか判断できるのはあなただけなのです。

思い入れのある人ならモラハラの原因を探ってみては

Q 母と弟一家、仲良くしてほしい

実家で一人暮らしの母が心配です。隣町には弟一家が住んでいますが、弟のお嫁さんと母は以前からそりが合わず、普段の付き合いもないようです。今年は猛暑、台風と大変な夏でしたが、弟たちが様子を見に来ることも電話をかけてくることもなかったそうです。離れて住む私は、時折電話をかけ母の話を聞くことしかできません。母と弟の家族に仲良くしてもらうにはどうすればいいでしょうか。

（50歳・女性）

A

どうすれば他者が自分の主張を受け入れてくれるのか、自分の希望通りに行動してくれるのか。これは人間という生物が太古から今に至るまで悩んできたことです。自分の思っていることは正しいはずなのに、なぜ相手はそうとらえないのか――という不服や不満は、絶え間なく人々が抱えてきたことです。

まずは、あなたの抱える不安や不服を言葉で伝えて

まず、この相談欄に投稿する前に、あなたは弟さんとしっかりこの件についてお話をされていますか。あなたの抱えている不安や不服を、彼に言葉で伝えていますか。まだ伝えていないのであれば、まずは、はっきりとあなたの胸のうちを明かしましょう。お嫁さんとそりが合う合わない以前に、弟さんにとってお母様は血縁なわけですから、もしあなたが「家族である以上、母親を思いやるのが子供の義務だ」と強く感じるのなら、そう伝えるべきです。悩み相談はそれからです。

それでも弟さんがお母様に関心を示さないのであれば、彼の気持ちが変化するまでとことん話し合うか、または不満をためるかわりに今まで通りお母様に連絡をとり続け、時間が許す限り会いに行くか。ご高齢者のお母様をできるだけ寂しい思いから救ってあげたいのなら、弟さんにお母様に会いに行ってもらうばかりが、その解決策ではないということです。

あなた一人でも、お母様に対してあなたの思いやりを精いっぱい伝えてあげる。それだけでもいいのではないでしょうか。

Q

小学6年生の娘が不登校気味に

小学6年生の娘が11月ごろから学校に行かなくなりました。体育が嫌、テストの勉強ができなかった、眠いなど何かと理由をつけて休みます。そのくせ放課後に友達と約束がある日や図工の作品の提出日には登校します。いじめなどはないようです。幼い頃から頑張ることが大嫌い。中学にも行かないと言っています。どう接すれば嫌なことから逃げずに頑張れるようになるのかわからず、困っています。

（51歳・女性）

A

私の母は音楽家だったので、私も子供の頃バイオリンを習わせられましたが、過剰な期待をかけられるのがつらくなり、弾くのをやめてしまいました。合奏の夢が消えてがっかりしていた母でしたが、体育嫌いな私が「今日は体育があるから学校に行きたくない」というと、反論もせず学校に電話をかけて自由に休ませてくれました。理由は「自分も子供の頃体育が嫌いだったから」。毎回あまりにもあっけないので、私はそのうち安直に学校を休むことに罪悪感を覚えるようになり、嫌いな体育がある日も自発的に学校へ行くようになりました。

バイオリンは熱心にやらせようとしていた母でしたが、それ以外で子供にあれこれうるさく言ってくることはほとんどなく、私は自分の生き方を全面的に任されている感覚がありました。子供は頼りなさそうに見えても、実は自分の判断で自分に適応した、負荷に苦しまない生き方を模索しているところがあります。親は子供たちのそんな葛藤に、なるべく早く気付いてあげる必要があります。

でも、嫌いなことや面倒なことを避けてばかりいると、将来困るかもしれないというこことはお子さんに伝えてください。つらさや苦しさの経験は、のちに社会で生きるために必要な強さとなって自分を守ってくれるはずです。それだけをわかってもらえたらお母さんは干渉しすぎず、お子さんを見守ってあげればいいと思います。

子供は自分に適した生き方を模索している

Q 夫婦生活悩む娘に助言は

結婚して4年目、32歳の娘がいます。不妊検査の結果、義理の息子が生まれつき無精子症だとわかりました。子供が好きな娘は、授からないとわかり泣いていましたが、その後「夫婦生活がなくなった」と相談されました。「これからの人生を考え、別れて新しい人を探してもいいと思う」と答えましたが、義理の息子は離婚する気はないようです。今後、娘にどうアドバイスすればよいでしょうか。

（58歳・女性）

A 無精子症で夫婦生活に応えてくれない夫に対して、お嬢さんはもう、夫婦として一緒にやっていく気持ちがなくなったのでしょうか。確かに、結婚当時抱いていた理想的な家庭にならなかったのは残念だと思います。それが理由で離婚することもありとは思いますが、ご主人には本当にもう何の愛情も尊敬も残っていないのでしょうか。

夫婦のあり方というのは三者三様です。はたから見れば別れてしまえばいいのにと思えても、本人たちにとっては他者には理解できない事情で離れられなかったりもする。不満やつらさを吐露する娘に対して「別れてしまえば？」とアドバイスしてしまうのは自然です。ただ、お嬢さんを守ってあげるつもりのこの言葉が彼女を傷つけている可能性もあります。「一応愚痴ってはみたけれど、別れればいいという問題でもない」と心の底で思っているかもしれません。

夫婦のことは本人たちにしか決められません。もしかするとこの夫婦は今、人生における高いハードルを懸命に越えている最中で、お嬢さんはお母さんに胸中を聞いてもらいたかっただけかもしれない。彼女の悩みに対してはアドバイスをするというよりも、あなたが自然に感じたことを、あなたの意見として告げるだけでいいと思います。「私はこう思うけど、あとはあなたが決めること」と、お嬢さんの判断を信じてあげる姿勢を見せることが大事かもしれません。

夫婦のあり方は三者三様。本人たちにしか決められない

Q

息子と別れて再婚した妻が飲みすぎる

妻は再婚で子供もいますが、親権がなく子供は前の夫と暮らしています。結婚当初はお酒を全く飲まなかったのですが、最近、飲酒量がとても増えました。量を減らすように言うと、「子供を置いてきた罪悪感から飲まずにはいられない」「ほかにどう気持ちを発散すればいいのか」と反論されます。子供のことを持ち出されては言葉が見つかりません。どう接すべきか、アドバイスをお願いします。

（45歳・男性）

A

つらい顛末《てんまつ》から目を背けたくて飲むお酒は体にダメージを与えこそすれ、何の解決策にもならないのは周知のこと。かといって、どんな手を尽くそうと奥様にとって息子さんがそばにいない悲しみは解消されませんから、夫であるあなたもそこは覚悟して向き合うしかありません。

でも同じ場所に滞り続けて、その悲しみに慣れるのを待つだけではなく、新しい幸せを見つける努力は怠ってはいけないと思います。幸せは待っていても降ってくるものではないから、行動に出るしかない。自分を責め続ける状態の奥様に、ささいなことでも新たなうれしい思い出をどんどん持ってもらうことは大切です。例えば旅でもいいでしょう。普段とは違う新しい環境を目の当たりにするだけでも息抜きになるはずです。それから、弱気になっている奥様を根気強く見守り、話を聞いてあげることも大切です。最初はお酒を飲みながらでもいいので、彼女の吐露にしっかり耳を傾ける。子供には会えなくても、あなたは一人ではないのだと、孤独ではないのだと、堂々とした姿勢で奥様に接してあげること。

世の中には、同じ屋根の下で暮らしても崩壊する親子関係もあれば、やむを得ない事情で子供と別離を強いられる人もいます。親子のあり方は実にさまざまで、こうでなければならない、ということが決まっているわけではありません。大切なのは距離ではなく、かけがえのない愛情を持てる人がいることだとお伝えください。

悲しみに慣れるのを待ちつつ新たな幸せを見つける努力も

Q 息子に負け組と言われショック

アフリカの映像を見た14歳の息子が「食べ物にハエがたかっている」と繰り返すので、「外で言ったら差別っぽいと思われるよ」と注意したら、「そう思うのは心が汚いからだ。この負け組人生が」と言われてしまいました。職場でいじめに遭い、離婚までした自分は負け組と言われても仕方ないですが、味方だと思っていた息子にまで言われ、ショックです。

（51歳・女性）

A

息子さんは、あなたが生きるのに必死なのを切実に感じているようですね。自分も母子家庭育ちですが、14歳という年齢は、家庭環境によっては独り立ちの意識が強く芽生える時期です。私も早く自立して、母に負担をかけずに生きていきたいという思いを日々募らせていました。

ただ、その傍《かたわ》らで、家族を離れ社会というジャングルに身を置くことへの不安は計り知れません。おまけに、適応して生きていくだけでは済まされず「勝ち組」「負け組」といったばかげたジャッジまで下される。子供にとって親は、そんなことを気にせず社会でも気丈に生きていけるという見本であってほしいものです。なのに社会の怖さを示唆されれば息子さんは自分の拠《よりどころ》を失ったような気持ちになるでしょう。

そもそも子供は親の味方になるために生まれてくるのではありません。この世で自分が頼っていいのは、自分だけです。人間は、失敗や屈辱やつらさを取り込んで免疫に変え、頼りがいのある自分を築いていくべきなのです。

あなたは自分の境遇を卑下していますが、音楽や美しい自然など、世の中は誰かに依存しなくても生きる喜びを与えてくれる要素で満ちています。まずはあなた自身が社会に対して毅然《きぜん》とした姿勢を取ってください。そうすれば息子さんもきっと安心してくれるはずです。

子供は親の味方になるために生まれてくるのではない

Q 間違った結婚を解消したい

生活苦から抜け出したくて、財産を奪って逃げるつもりで好きでもない男と結婚しました。想定外に子供が３人生まれ、結婚を続けていますが苦しい日々です。死んでリセットしたくても怖くて死ねません。せめて残りの人生をお天道《てんとう》様の下で胸を張って歩けるよう、間違った結婚を解消したい。シングルマザーとして生きていくのは現実的ではないでしょうか？

（48歳・女性）

A

どんなに耐えられなくなっても最後まで全うするのが結婚というものだ、という考え方は私にはありません。なので、死にたくなるくらいなら、命を守るために別れる選択を推奨するでしょう。ただ、愛のある結婚よりもお金を優先させたことは間違いだったと感じるようになったあなたが、いまここで夫と別れたからといって、それが良い解決策になるかどうかはわかりません。お金のもたらす不安と苦しみと向き合う生活の中で「こんなことなら夫と別れなければよかった」と後悔する可能性も十分にあると思います。

要するに、あなたの不安とつらさの要因は、愛の無い結婚ではなく、あなた自身にあるかと思います。お天道様の下で胸を張って生きていきたいのなら、まずはあなたが自分を恨んだり憎んだりするのをやめなければならない。あなたは今の苦しみを、好きでもない人と財産目的で結婚をした自分の倫理観の欠落のせいにしていますが、そうした自責の念がつきまとう限りは、いくら生活環境を変えても不安が払拭《ふっしょく》されることはないでしょう。

いったん主婦や母であるという自覚から意識を切り離し、読書でも運動でも、どんなささやかなことでもいいので、生きるっていいなと素直に感じられる、あなた自身を好きになれるあなただけの「生きがい」を見つけることが、何より先決なように感じます。

まずは、あなたが自分を恨んだり憎んだりをやめて

Q 二股していた元彼が許せない

10歳以上年下の妻子ある男性に言い寄られ、関係を持ってしまいました。その人は過去に社内で20人以上の女性に手を出し、私と並行して後輩とも関係を持っていたと知り、耐えられず会社を退職しました。時々その人がどんどん出世していると聞き、出世を遮《さえぎ》ってやりたい衝動にかられます。この悔しさから抜け出すにはどうしたらいいのでしょうか。

（52歳・女性）

A 私が思うに、あなたの怨嗟《えんさ》はその彼氏に対してというより、付き合っていた頃の幸せが奪われた喪失感へ向けられているのではないでしょうか。本当はその男性にはもう未練など無いのに、付き合っていた時の感覚を持ち去られてしまったことへの怒りはおさまっていない。だから仕返しがしたくなる。しかし、その喪失感はその人を恨んだり仕返しをしたりすることで果たして解消できるのでしょうか。そもそもその人には特定の誰かにつき合う責任など感じている気配はありません。

これはどんな人との関わりでも言えることですが、妄想や思い込みで他者を自分に都合のいいようにかたどるのは危険です。

とにかく今は、その男性と共にした時間を超えるくらい、新しい幸せと充実感を見つけることが先決でしょう。でもそのきっかけは、待っていても向こうからやってくるものではありません。例えば釣りや登山やハイキングなど無心で自然と向き合うことでもいいし、旅行や音楽会でもいい。

私は嫌なことがあると1日に何度でもお風呂につかりますが、実際入浴時にはセロトニンという幸福感をもたらす脳内物質が出るそうです。とにかく救いようのない恨みに奪われている時間と人生がもったいない。幸せは思い切りと行動次第でいくらでも得られるのですから。

恨みに奪われている時間と人生がもったいない

Q 実家に行くのを拒む夫に恐怖

私は実家の家族と仲が良く、生後間もない子供を連れてよく遊びに行っていました。しかし旦那からは実家が子育てをしているように見えたらしく、子供を会わせるのを拒むようになりました。泣いて訴えても聞いてもらえず、今は隠して連れて行っています。私と子供だけで出かける時は穏やかで、子供には優しい父親かもしれませんが、私は恐怖さえ感じます。

（30歳・女性）

A

夫に、なぜあなたが実家に子供を連れて帰ることを嫌がるのか、はっきり理由を聞いたことはありますか？　なぜ実家が子育てをしているように見えるのか、あなたの子育てに対して何か不平不満があるのか、泣いて訴えるのではなく冷静にそれについて話し合ったことはありますか？

夫とあなたの子育てについての意見の食い違いが、いったい何を発端としたものなのか、夫なりの独特な子育てのこだわりがあるのかもしれないし、結婚をしているのに、あなたがいつまでも実家を頼ろうとすることに、本人が夫という立場での力不足や不安を覚えているからかもしれない。あなたがひとりきりでも楽しそうに子育てをしている様子を確認することで、夫としての自分に満足したいというゆがんだエゴイズムが彼の中にあるのかもしれない。または、あなたの知らないところで、ご実家と夫の間に何らかの確執があるのかもしれない。

とにかく、夫があなたの行動になぜ腹を立てるのかという原因もわからないことを、第三者が臆測で捉えた答えしか戻せない新聞の人生相談が解決してくれるはずがありません。夫に恐怖心を抱きながら生きる母親を見れば子供も不安を募らせることになるでしょう。まずは二人で冷静に話し合い、問題点を分析してみてください。

夫が腹を立てている理由は？ まずは冷静な話し合いから

Q 幸せな隣家を見るとつらい

隣家の奥さんは私より10歳くらい年下で愛想がよく近所で評判です。ご主人も感じがよく大手企業勤務。共働きで、休日は子供を連れて車で出かけています。私は独身で、30代で病気をして子供を産めない体になりました。一人で生きる人生をこれでいいと思っていますが、隣人夫妻の絵に描いたような幸せを見るとつらく、自分は幸せでないと思います。人様の幸せを見て動揺しないようになりたいです。

（52歳・女性）

A

「隣の芝生は青い」ということわざがありますが、この比較の心理は、人間の歴史が始まって以来、我々の中に潜在していると思われます。

私は母子家庭で育ち、母は働いていましたから、子供の頃は家に帰るとお母さんが迎えてくれる友人たちの家庭がうらやましくて仕方がありませんでした。イタリアの美術学校にいた頃は、優れた画力を持った友人がうらやましくてつらい思いをしました。お金も無く、当時付き合っていた人とけんかばかりしていた頃、友人から結婚式の写真が送られてくると、なぜ自分はこんなに不幸なのかと泣いてしまうこともありました。

しかし、そういった苦しい妬《ねた》みの根源が、結局は自分の精神的な不安定さにあることも分かっていました。そもそも私のうらやましさの対象となる人が本当に幸せかどうか、分かるすべはないからです。隣のご家族が絵に描いたように幸せだという印象も、あなたの脚色によるところが大きいかもしれません。

気にならないようになる手段として私が思い付くのは、人と自分を比較したくなる意識を払拭するために、熱中できる何かを見つけ、個人的な幸福感を得ることです。じっとしていないで、旅に出るなど行動を起こしてみる。例えば海や山など大自然と向き合える場所で、シンプルに地球の広さや美しさを感じることは、隣の芝生を見て悩むより、ずっと良い心の栄養となるでしょう。

「隣の芝生は青い」は有史以来の我々の心理

Q 疎遠になった孫に昔ながらの行事を教えたい

40歳の娘。6年前、父である私の夫が娘と言い争いになり、酔った勢いで「もう来るな」と言ってしまったところ、それきり近寄らなくなり孫とも疎遠になりました。先日、中学2年生になった孫が「おばあちゃんちのおせちが食べたい。つきたてのお餅も食べたい」などと、昔を懐かしむようなことを言ってきました。昔ながらの日本の行事をもう一度味わわせてやりたいのですが無理でしょうか。

（66歳・女性）

A

素直でいることの難しさがうかがえる質問だと思いました。お嬢さんと険悪な関係になってしまったためお孫さんとも会えなくなり寂しい、という相談かと思いきや、日本の行事を体験させてあげられないのがつらい、という趣旨になっている。恐らく、あなたは単純にご家族と関係を修復したいだけなのに、素直な気持ちが歪曲《わいきょく》して、家族よりも伝統行事が大切、という伝え方になってしまった。

私は普段、家族愛を惜しみなく放出しまくるイタリア人という人種と接しています。あれはあれで過剰だと思うことがありますが、一方で日本人の家族との距離のおき方には不自然さを感じることもあります。家族に対して強い思いを持つことが恥、弱点か欠点のようにとらえられていた昔のメンタリティーがまだ残っているのかもしれません。私も昭和一桁生まれの頑固な母からは褒められたことも会いたいと言われたこともありません。彼女もかつては家族から勘当された経験があります。でも、お互いその意固地がバカバカしいと思ったのかいつの間にか軌道修正されていました。

一度きりの人生、プライドのような余計な意識に邪魔されて、大切な人への愛情を生殺しにしないでください。メールや、それも恥ずかしければ小さな贈り物をしてもいい。いっそ直接会いに行ったっていいでしょう。いつも家族を思っているという気持ちを解放してやることで、きっと次なる進展にもつながっていくはずです。

プライドゆえに、大切な人への愛情を生殺しにしないで

Q イタリアに留学・就職したいけど不安

高校3年生です。小さい頃から歴史が好きで、ローマ帝国を研究したいと思っています。このまま日本の大学に進学すべきか、イタリアに留学すべきかと悩んでいます。将来はイタリアに骨をうずめたいと思っています。でも本当は大学受験から逃げたいのかもしれません。イタリアで就職できなかったら？　断固とした意志で研究できるのか、すごく不安です。アドバイスをいただけないでしょうか。

（17歳・女性）

A

まずお伝えしたいのは、あなたの思い描いているイタリアと現実のイタリアには大きなギャップがあるということです。今は現地に暮らすイタリア人ですら簡単に希望する仕事には就けていません。高学歴の友人の中にも失業者は数人いますし、深刻な移民問題も抱え、外からやってくる外国人を悠長に受け入れられる状況にはありません。

次に知ってほしいのは、学術の分野に携わる多くのイタリア人が、自国の教育のクオリティーに納得できず米国や欧州の別の国へ拠点を移すことが当たり前になっている現状です。「脳の流出」と名付けられた社会現象になっていて、私の夫もそれを実行した一人です。要するに古代史を学ぶのなら、イタリア以外の国でも優れた教育は得られるということも考慮してください。

私が留学したのも17歳の時でしたが、日本の大学に行かなかったことが実はコンプレックスでした。イタリアで素晴らしい教育をたくさん受け、苦労も含め得られたものの大きさは計り知れません。それでも日本でなければ体験できなかったことを知らずに通り過ぎてしまった後ろめたさがあったのです。それだけはお伝えしておきます。

何はともあれ、イタリアの大学に入学する資格を得るにはイタリア語の試験をクリアする必要があります。とりあえずイタリアに短期間の語学留学をしてみて、本当にやっていけるのかじっくり考えてみてはどうでしょうか。

得られたものの大きさと〝スルー〟した後ろめたさ

Q

一命をとりとめた祖母が明るさ取り戻すには

87歳の祖母を見ていると悲しくなります。2年前に脳卒中で倒れ、一命はとりとめたものの、言語障害が残りました。祖母は好奇心旺盛な元司書。今は読書だけでなく友達からの手紙すらも読めません。足も不自由になり、やむを得ず入ってもらった老人ホームで毎日つまらなそうに過ごす姿を見ると、無力感に襲われます。祖母が少しでもまた楽しく過ごせるようになるにはどうすればいいでしょうか。

（24歳・女性）

A

私の母は87歳ですが、去年の暮れに体調を崩したのをきっかけに記憶力も衰え、以前のような聡明《そうめい》さや快活さがなくなってしまいました。たまに会うと、はっきりと感じられる彼女の老化が受け入れられず、どうしたら元のように戻ってくれるのか、あらゆる改善策を模索する日々を過ごしました。

散々考え込んだり悩んだりした結果、私は自分の考え方が間違っていることに気がつきました。老いとは決して元に戻るものではないのです。私の母もあなたのおばあさまも、自然の摂理を全うし、生き物として正しく生きているだけなのです。

人というのは、身近な人がそうであってほしいと思う態度を取らないと、不快感や戸惑いを覚える生き物です。家族の老いと直面した時に感じるうろたえも、それが要因でしょう。あんなに元気だった人がどうしてこんなことに、と私たちは嘆きますが、老衰とは生き物にとって当たり前の自然現象なのです。だから、我々が老いの変化に対する困惑をあらわにすればするほど、命の成り行きを受け入れて過ごしている当事者は、悲しくなってしまうでしょう。

お祖母さんはただでさえ家族と離れて暮らすつらさを背負っているのです。無気力さや元気のなさを、心の中であっても絶対に責めてはいけません。元気になってほしいのなら、彼女が聡明だった頃と同じ敬意を持って、あなた自身が明るく元気に振舞うことが一番だと思います。

老衰とは生き物にとって当たり前の自然現象

2

あの人さえ変わってくれたら…

すべての人は善人か悪人かではなく、
正しいか正しくないかではなく、その中間である。

――アリストテレス『形而上学』

Q 何につけゆがんだ解釈をする母

68歳になる母の言動が理解できず、子連れで実家に行くたび「行かなきゃよかった」と後悔します。例えば、ある日の午前中に一緒に出かけることになり「すぐ行こう」と声をかけると「早く行って早く（自分の家に）帰りたいのか」と言われました。幼児は午後眠くなるので早めに動きたいのだと説明しても無駄で、何を言ってもゆがんだ受け取り方をされます。変な母親だと思われそうで夫にも言えません。（36歳・女性）

A

親族は他人との関わりと違って、一緒にいるのがつらいからとそう簡単に距離を置いたり縁を切ったりはできません。でも、苦手な家族であれば自然と疎遠になっていくものです。そう考えると、あなたが今でもお母様のところへお子さんを連れて会いに行ったり、一緒に外出をしたりするだけでなく、こうしてお母様の性格についての悩みをわざわざ相談してしまうというのは、お母様がたとえどんなに難しい人であっても、やはりあなたにとって大事な存在だからなのではありませんか。世間的解釈ではどこか変わった女性であっても、あなたにとってはたった一人の母親であり、あなたにしか実感できない相互関係があるのだと思います。

私の母もある意味、世間が理解できないような言動をしますし、夫も舅《しゅうと》も姑《しゅうとめ》も性格が一筋縄ではなく、世間から見れば相当変わっていますが、家族ですから余計なことは考えずに付き合っています。私の友人にも「どうしてそんな人と」と思うような伴侶のいる人がいますが、本人がそれでいいと思っている限り、干渉はやぼです。

あなたは、ご主人に自分の母親が変な人だと思われてしまうことを心配していますが、身近な親族のありのままをこれからも隠していくなんて、どう考えても無理でしょう。お母様とどう付き合っていくのかということより、まずはご主人にお母様の不可解な言動を何気なく相談したり、普通に愚痴ったりできるようになれば、あなたも随分気持ちが楽になると思います。

世間的解釈ではどうあれ、あなたにとっては大切な存在

Q 上から目線・圧強めの同僚にストレス

同僚のことで悩んでいます。その男性は建設業出身で、威圧的な言動が目立ちます。目上の人たちには敬語で、こびへつらう。年下に対しては常に上から目線で、失礼なことも言いたい放題。最初は職人かたぎだから仕方がないと思っていましたが、今の職場はお客様を相手にするサービス業です。私はものすごいストレスで、このままだと精神疾患になりそうです。良きアドバイスをお願いいたします。

（56歳・男性）

A

まず、人に性格を変えてもらって自分が楽になる、という考えは諦めましょう。とすると、なすべきはご自身が苦境とどう向き合うかに絞られます。

胸中にたまっているストレスという毒素を排出するのが先決です。面と向かって思っていることを言葉でぶつけるのはいかがでしょうか。顔を真っ赤にして思いっ切りキレてみてください。周囲は引くかもしれませんが、悩みすぎてストレス性の精神疾患になることを考えたら、その方がまだマシです。

または、その同僚に対して不平不満をためている人と愚痴大会を開きましょう。人への愚痴というのは不思議なもので、思う存分放出すればするほど徐々にむなしくなってきて「ああ、何でこんなどうでもいい他人のことに無駄なエネルギーを使っているんだろう」と脱力感に見舞われたりするものです。

悪口が嫌なら座禅や瞑想《めいそう》で人のことなど気にしなくなる耐性を身に着ける、という方法もあります。ちなみに気難しい私の夫はここ1年ほど朝に1時間、部屋で瞑想を続けた結果、全く怒らない人になりました。効果はそれなりにあるようです。

とにかく、厄介な人間ひとりに精神力を費やすのは本当にもったいない。取り急ぎ気分転換として、どこか大自然を感じられる場所へ出かけてみるのが一番かもしれません。次元の違うものを見た後なら、そんなやつのことなど、もうどうでもよくなっているかもしれません。

「人が変わって自分が楽になる」は諦めて

Q

母を亡くした友達が変わってしまった

学校で仲の良い友達のお母さんが春休みに病気で亡くなりました。友達は新学期も元気に学校に来ていますが、最近部活をサボりがちで、言葉遣いもだんだん悪くなってきていて心配です。いつもイライラしていて、怖くて話しかけられません。もしかして、お母さんがいなくなって寂しい、悲しい気持ちが時間がたって増えてきたのかもしれません。前のように仲良くするにはどうしたらいいですか。

（13歳・女性）

A

おそらく人生の中で最も乗り越えるのが困難な悲しみは、身近な人の死ではないでしょうか。どんなに大人になって自立していても、親の死はショックな出来事です。それをお友達は13歳で経験してしまった。第三者には計り知れない悲しみや苦しみと向き合ったに違いありません。あなたがもし、お友達の立場だったらどうですか。試しに自分と置き換えてみてください。あなたが感じることイコールお友達が実際感じたこと、とは限りませんが、悲しみが精神のバランスを崩すことくらいは想像できるはずです。

人はどうしても、他人について「この人はこうなのだ」と決めつけてしまいがちで、自分が思っていた言動を取らないと、まるで裏切られたかのような心地にさせられるものです。でもそれは思い込んだ人の勝手で、裏切られた気分はその人の妄想に原因があるのです。あなたはお友達の変化に動揺していますが、それもお友達の元々の性質の一部分だったのです。

お友達はつらさと悲しさで自暴自棄になっているのでしょう。友人を失うリスクをわかっていながら内面の葛藤をさらけ出し、手を差し伸べてくれる誰かを求めているのかもしれません。仲良くしたいという気持ちがまだあるのなら、何も特別なことをする必要はありません。大変でしょうが心にゆとりを持って、今まで通り変わらずお友達のそばにいてあげるのが一番だと思います。

裏切られた気分は、自分の妄想に原因がある

Q

韓流アイドルにはまった母、どうしたら

50代の実家の母が5年前から韓流アイドルにはまり、エスカレートするばかりで困っています。もともと家事が得意ではない上、毎週末のように家を空けるため、家はすっかり汚れ不衛生な状態になりました。父も50代でまだ働いていますが、持病で体調を崩しているので、母に少しは父を気遣ってほしいのです。母と話すといつもけんかになってしまいます。自由に過ごさせてあげるべきでしょうか。

（31歳・女性）

A

夢中になれるものがあるのは良いことです。ただ、度を過ぎて精神のバランスを失ってしまえば、それは現実逃避の依存になります。アイドルに夢中になる快楽が、日々のストレスや不満から意識を背けるための現実逃避であり、しかも、病気の夫への配慮を忘れてしまうほどのレベルとなると、よほど彼女の中に辛くて不

快な要素がたまっていた可能性があります。

お母様の韓流アイドルへの熱狂は、これからもあっていいと思います。ただ、同時にそれが病的なものにならないよう、誰かが注意する必要はあるでしょう。夫がたとえそんな妻を許せても、娘であるあなたが納得できなければ、何度でも声に出すしかありません。多少エネルギーを消耗することになっても、お母様には思っていることをひたすら伝えるべきだと思います。そうしなければあなたにもストレスがつのり、それが理由でお母様は今よりも病的なアイドル依存になってしまうかもしれません。

意見をしたからといって、お母様が変わるかどうかは分かりません。アイドルに熱中することの何が悪いの、と思われるでしょう。でも、明らかに周囲に迷惑をかけているわけですから、それは気にしてもらっていいと思います。情熱が全てを正当化できるとは限らないのです。

または、例えばどこかへ旅行してみたり、買い物をしたりと、お母様を何か別の充足へ誘ってみるのも手段の一つかもしれません。

熱狂はあってもいいけど、病的な依存にならないように

Q 人嫌いで友達もいない父と母

生涯付き合わなければならない持病がある娘を持つシングルマザーです。同居する70代の父母は人嫌いで友達もいません。近所の方との立ち話すら続かない状態で、家でテレビばかり見ています。病院も嫌いで検査を勧めても余計なお世話と激怒。先行きが不安なので、できれば父母に人付き合いをしてほしいのです。こんな状態の我が家で、心を落ち着かせるためのアドバイスをいただきたく思います。

（48歳・女性）

A

私もシングルマザーだった時期は、やはり実家で母の助けを借りながら暮らしていました。しかし、早いうちに独立した私にとって、頑固でマイペースな母と再び生活をともにするのは難しく、間もなく実家から少し離れた場所に家を借り、そこで子供と暮らすことにしました。不便はありましたが、それからは母の行動も気になくなりました。

もし私があなたの立場だったら（あなたの方がずっと大変ではあるけれど）やはり親とは距離を置くでしょう。距離を置けば、ご両親についてのあれこれも気にならなくなるものです。心配なのはわかりますが、人というのは家族であろうと、どんなにこちらの意見を伝えても、決して自分の思うようには振る舞ってくれません。たとえ親子であっても、生き方の基準や姿勢には譲れないものがあるでしょう。そんなお母様に対してストレスと不安をため込むよりは、期間限定でもいいから距離を置いたほうがいいと思うのです。とりあえず、今置かれている環境からいったん外へ出てみれば、お母様との接し方にも変化が出てくると思います。

それともう一つ。今の状態だとゆとりを捻出するのは難しいと思いますが、読書でも映画鑑賞でもいいから、何か自分を楽しい気持ちにさせてくれるものを見つけることです。苦境と向き合う人こそ、自分をいたわるために、精神的な栄養補給は欠かさないようにしてください。

親子でも、生き方の基準や姿勢には譲れないものがある

Q

ライバル視と詮索が面倒くさい！

私は絵を描くのが好きで、大学の文学部に在学しながら美術部で活動しています。同じ学年に絵の上手な女子学生がいて、なぜか私をライバル視しているらしく、使っている絵の具の種類とか、スケッチの技法とか、細かいことを聞いてきます。別に秘密にするようなことではないので答えますが、正直言って面倒くさくて仕方ありません。「私に構わないで」とも言えず、どう接するべきでしょうか。

（19歳・女性）

A

私は自分が作業をしているところを人に見られるのが苦手なので、漫画や執筆作業は基本的にひとりきりでなければ進められません。人に見られる、話しかけられるという意識が邪魔をして作業に専念したい気持ちと集中力が散漫になるからです。

しかし、美術学校に通っていた時代は同じ空間の中で描いている、他の生徒たちの絵のことが気になって仕方がありませんでした。時には周りと比べることで自分の才能の無さや技術力不足にひどく落ち込むこともありました。

他の人の作品に触れたり創作について情報交換したりするのも美術学校や部活の役割と言えるでしょう。なので、そのような場で描き続ける限り、誰かがそばに寄って来てあなたの作品を意識したり、画材や技法について質問してきたりするのも当然だと思います。放っておいてほしい、やめてほしいと言葉に出すのが躊躇《ちゅうちょ》されるのであれば、部活に現れないか質問に答えないふてぶてしさを身に着けるしか手段は思いつきません。

創作に集中しつつ同時に社会性を両立させるのは至難の業です。実際、自分も含めて、私の友人漫画家たちや画家たちも多くが偏屈な変人ですが、彼らは作品を生むのに忙し過ぎて、そんな自分たちのことを気にする暇もありません。とりあえず創作作業に熱心に打ち込んでさえいれば、自分にとって必要のないものはおのずと離れていくようになるでしょう。

創作に集中。必要ないものはおのずと離れていく

Q

25歳の息子に家を出て行ってほしい

今年25歳になる息子は私立大に6年在籍して退学しました。後でわかったのですが学校へは半分ほどしか通わず、アルバイトをして遊んでいたようです。勉強が嫌ならなぜもっと早く相談しなかったのか。その間の経費を考えると腹立たしいです。謝りの言葉も聞いていません。今は働き始めていますが、今度はカードローンでお金を借りていることがわかりました。早く家を出て行ってほしいです。

（55歳・女性）

A

そういえば、私もイタリアの美術学校でだらだらと学生を続けていた25歳頃は、生活費をアルバイトでは賄いきれず母から仕送りをもらっていました。当時同居していた彼氏には全くお金を稼ぐ意思が無く、母も「そんなに何年も学生のままでいたいのなら、もう援助しない」と送金をストップされたこともありました。自立しようと彼氏と商売を始めたものの、最終的には多額の借金を抱えて破綻。私はそんな最中に妊娠。母には事情をとても説明できず、絶望的な気持ちになったものでした。

そんな母自身も、かつて音楽で食べていくと決め、親からは勘当状態となって一切の支援を断たれたと聞いています。でも、彼女は最終的には女手一つで娘2人を育てました。私も彼氏と別れ、赤ちゃんを抱えて食べていくために漫画を描き始めましたが、親にはもう一切頼れないと自覚してからのほうが、しっかりするようになりました。

やはり息子さんには家から出て行ってもらうのが一番のように思います。血はつながっていてもそれはそれ、これはこれ。借金の保証人になるなんてもってのほか。25歳は自分の生き方に十分責任を持てる年齢です。息子さんのお金の無謀さも、親がそばにいるから、という安心感のせいかもしれません。お金の怖い性質をとことん学習してもらうためにも、やっぱり離れてもらうのが良策だという気がします。

親には頼れないと自覚してからのほうが、しっかりする

Q 協調性のない姉を変えたい

姉にはあまり協調性がありません。帰宅時間の報告は不十分で、夕飯の準備や片付けにはさほど参加せず、しても一人だと不満げにやる、お風呂は次の人のことを考えず優雅に入る、機嫌をコントロールできず父や妹にあたることも……。両親はあきれて諦めているようにも感じます。姉に変わってもらいたいのですが、妹の私が注意すると不機嫌になり、あとが困ります。何かいい方法はないでしょうか？（18歳・女性）

A

私の妹は私とは全く生活の捉え方が違います。特にきちょうめんさに対する意識には大きな差があり、子供の頃からせっかちな私は、掃除に頓着しないのんびり屋の妹に文句ばかり言っていました。妹はそのつど、反発しつつ、言われた通りにしようと試みていましたが、気がつくといつもどおりの様子に戻っている。同じ環境に育ってきたのに、同じしつけを受けてきたのに、なぜ彼女には自分と同じ感覚が備わっていないのか、不思議でなりませんでした。

他人であれば諦めることができますが、家族にはどうしても自分と同じ価値観であってほしいという気持ちが生じます。ただ、いくら家族であっても、価値観が違ってしまうことは当たり前で、仕方がありません。同じ環境の中で育ってきた姉妹でも、物事の捉え方には差異が生じるのです。ただし、社会ではその差異の調整が求められます。あまり自分勝手に振る舞うと周りから嫌悪されて孤立してしまうでしょう。お姉さんは家の中ではいくらでも甘えていられますが、社会でも他者をおもんぱかれないようであれば問題が発生するのは必至です。彼女はその時点で、やっと自分を変えなければならないと思うのかもしれない。

お姉さんの変化を期待するよりも、視野を家の外へも広げるようにして、あまりお姉さんの行動にいちいち意識が向かないよう、あなた次第で気持ちを満たすことのできる気晴らしや楽しみを見つけてストレスをしのいでください。

お姉さんの変化に期待するよりも、視野を家の外に広げて

Q 見栄を張って疲弊する娘

今年大学へ進学し、東京で一人暮らしを始めた娘のことです。もともと見栄を張るところがありましたが、東京ではアルバイト三昧《ざんまい》で、着飾ることに執心しています。私が上京した際に家事や買い物をしても感謝の言葉もなく会話も不機嫌です。おしゃれな人、よい物を持つ人に追い付きたくて無理をし、疲弊しているように見えます。意見しても反発し、聞く耳を持ちません。どう接したらいいのでしょうか。（59歳・女性）

A

娘さんは、学生という立場であっても今まで自分が全てを依存しなければならなかった家族から離れて、社会で自立しようと懸命なのでしょう。アルバイトも着飾ることも、社会に溶け込むための彼女の努力なのだと、私には解釈できますし、それはむしろ人間として健全な振る舞いだと思うのです。親子としても、会話に不機嫌さを見せるのは、自分を囲む環境の変化に娘さん自身が戸惑いたくないという意思の表れでしょう。あなたは娘さんよりずっと人生経験が長いから「そんなことはやっても意味がない」と思いがちかもしれません。しかし、社会における虚勢、傲慢は一度は人として経験しておくべきことですし、そこから派生する失意や断念もセットで学習しなければ、人間は成熟できません。

娘さんは間違った道に進もうとしているわけではありません。むしろ世間体が大きな比重を持った日本という社会では、ごく自然なプロセスだと思います。私にだってそういう時期はありましたから。でも、そんな時期こそ、たとえ娘さんが母親であるあなたの求めるような生き方をしてくれなくても、娘さんを愛しているのなら、今まで通り辛抱強く見守り続けてあげるべきです。

人間社会というものは時には過酷なジャングルみたいなものです。巣立ちした娘さんはそのうち社会や世間の軽率で冷酷な側面を知ることになるでしょう。そんな時、無償で自分を守ってくれる家族の存在の大きさが痛感できるようになるはずです。

アルバイトも着飾ることも、社会に溶け込む娘さんの努力

Q 兄の進路を指定した両親

父は医師で、私と兄は幼少期から「医者になるといいな」と言われて育ち、兄は3浪して私大医学部に入学。留年を繰り返し、今や医学部に残りにくい状況です。両親は兄に「次の進路を考えろ」と言いつつ、兄が引き続き医療に関わろうと調べた学校を却下。結局両親が進路を指定しました。高齢の両親に万が一のことがあれば兄を支えるのは私だと考えると蒸発したくなります。今できることは何でしょう。（27歳・女性）

A

もし私なら、お兄さんには「親のことは気にしないで本当にやりたいことをやりなよ」とアドバイスするでしょう。ご高齢の両親は自分の息子が結局は自分たちの思い通りの道に進んでくれなかったことに落胆するかもしれませんが、息子の意思さえはっきりしていれば、仕方がないと諦めてくれると思うのです。

ただ、ここで問題なのはお兄さん自身の〝意思〟が曖昧なこと。お兄さんは今まで親に決められたことをするのが当然の生き方だと思い続けてきた人ですから、本当に自分のやりたいことなど特にないのかもしれません。今まで親の指し示す道を進むことが自分の生き方だと思い続けてきた人を、いきなり「これからはここで自分らしく生きろ、自分のやりたいことをしろ」と道のない荒野に放置しても戸惑うだけでしょう。不安や心配もわかりますが、お兄さんに同情してもきりがありません。あなたにとっては間違った生き方であっても、お兄さん自身が自分の現状を深刻な事態と捉えない限り、同情の意味はありません。

とはいえ、とりあえずお兄さんには、そのうちご両親がいなくなっても自分が支えていく気はないこと、頼ってほしくない旨を伝えておいた方がいいように思います。それでお兄さんの意識が変わるのかはわかりませんが、もしかすると、彼はそこまで将来のことを深く考えていないかもしれません。警告はしておいたほうがいいように思います。

親の示す道を「安心」と進んできた人を荒野に放置しても戸惑うだけ

Q

お金のことばかり言う母

母は口を開けば、私に使うお金のことをあれこれ言います。高校受験で私は家庭教師をつけて合格したものの精神的に参ってしまい、通信制高校に転学し、結果的に家庭教師は無駄になりました。でも、お金のことを言われ続けるのはつらい。資格試験に落ちた時も「費用が無駄になった」と言われました。母は「結果重視」で、褒めることは皆無。最近はそれが顕著となり、どうすればよいか悩んでいます。(17歳・女性)

A

私も学生の頃は母から何度となく「あなたはお金がかかる」とぼやかれたものでした。母が女手一つで子供を育てながら必死で働いているのは分かっていたので、学業のためとはいえ彼女に経済的負担をかけているのは心苦しく、高校1年からいろいろアルバイトをしては自分の生活を自力で賄おうとしました。でもそれだけではやはり足りず、結局仕事を見つけるまで何年間も母親には援助をしてもらわなければなりませんでした。

ある日、「負担をかけて申し訳ない」と母に謝ると「自分が産んだ子供を飢え死にさせるわけにもいかないから仕方がない」と素っ気なく返されましたが「気にしないで」などと虚勢を張られるよりはいいかなと感じました。

その後自分が親になって感じたことは、子供を産んで一人前になるまで育てるには、どうしてもお金はかかるということ。そして、親は子供にお金がかかる苦労や不満を当たり前に吐露してしまうこと。おそらくあなたのお母さんも、無自覚のまま口から愚痴が出ている可能性があります。逆の見方をすれば、あなたにしか胸の内を吐露できないのかもしれません。子供としては母親には常に優しく寛大であってほしいものですが、人間とは、自分の家族であってもそう思い通りにはならないのです。

お母さんに「そういうことなら仕事をする」と宣言し、経済的自立を目指すか、彼女の言葉を気にしないでそのままやり過ごす。選択はそのどちらかしかないでしょう。

親は子供にお金がかかる苦労や不満を当たり前に吐露してしまう

Q 彼に「好き」と言われたい

二回り年上の男性と交際しています。性格や好みも合い、一緒にいると笑顔になれます。唯一の不満は「好き」と言葉に出して言ってくれないことです。私は「好き」と言いたいし、言われたい。それによって喜びや安心を得られるからです。でも彼は抵抗があるようです。無理強いではなく心から「好き」と言ってもらうには、どうしたらいいのでしょうか。

（30歳・女性）

A

恋人であろうと夫婦であろうと、どんなに相性が合って一緒になっても、所詮他者は他者。自分の思い通りに振る舞ってくれる人などそうめったにはいません。恋人も夫婦も時間をかけながらお互いの特徴や習性を寛容に受け止め、無い物ねだりはせずになじんでいく、というのがカップルの現実でしょう。

あなたの年上の彼氏は、あなたが思っているよりもずっと古典的な人なのかもしれません。実際、日本人が「愛してる」だの「好き」だのといった西洋式に恋愛感情を言葉にするようになったのは、ここ数十年の話です。そもそも日本人は自分の考えを安易には言語化しない民族ですから、あなたが彼に求めているのは「愛しているのなら崖から海に飛び込んでほしい」というくらいハードルの高いことかもしれません。

要するに、愛情の表現をお互いに共有できていないことが、あなたの不安の要因となっていそうですね。「愛している」とひとこと言ってさえもらえれば不安は払拭されるあなたのその心境に、愛情の言語化をそれほど必要としているわけではない彼が気付いてくれる見込みは薄そうです。愛情の表現は人それぞれです。どうしても耐えられないのならあなたの感じていることを彼に伝えるしかないでしょう。自然に言ってほしい、というのは今の段階ではぜいたくな欲求なので、とりあえず諦めたほうがいいかもしれません。

そもそも日本人は自分の考えを安易に言語化しない民族

Q 態度が悪い部下にイライラ

10歳年下の女性部下への接し方に悩んでいます。私が指導係として仕事を教えてきましたが、部下は感情の起伏が激しく、忙しくなると、会話中に目を合わせない、返事をしないなど態度が悪くなります。見ていると私までイライラします。世代の違いでしょうが、目上の人にそんな態度を取るのは理解できません。心穏やかに過ごすにはどうすればいいですか。

（41歳・女性）

A

世代による社会での振る舞い方の違いというのはあきらかにあるでしょう。私の母は明治生まれの頑固な父親に育てられたので、子供に対して素直な愛情表現ができませんでした。現代の視点で見れば愛情の表現不足もはなはだしい親ということになるでしょう。そういえば昭和の時代には、カミナリという枕ことばが付く、怖いよそのオヤジというのが存在していました。行儀の悪い子供がいれば、他者がしかりつけることは当たり前だったのです。私もよその人から「礼儀がなってない！」としかられたことが何度かありますが、家族以外の人から何かを指摘されたり注意されたりすることに極端に敏感な今の世の中にはもうカミナリオヤジの姿はありません。

あなたにこうした時代の流れにあらがえるパワーがあるなら、その部下に対して真っ向から自分の考えをぶつけるのもありでしょう。ただ、それが問題解決になるかはわかりません。私なら、かかわりたくないような相手とは付き合い方を思索するほど真剣にはなれません。腹を立てて人生相談に悩みとして投稿するあなたは、本当に親切だと思います。

他者はとにかく自分の思い通りにはなりません。異星人が部下になってしまったのだと諦め、効果を期待せずに言いたいことは告げつつ、あなたのやるべき仕事を淡々とこなしていくのが一番じゃないでしょうか。

異星人が部下になってしまったと諦める

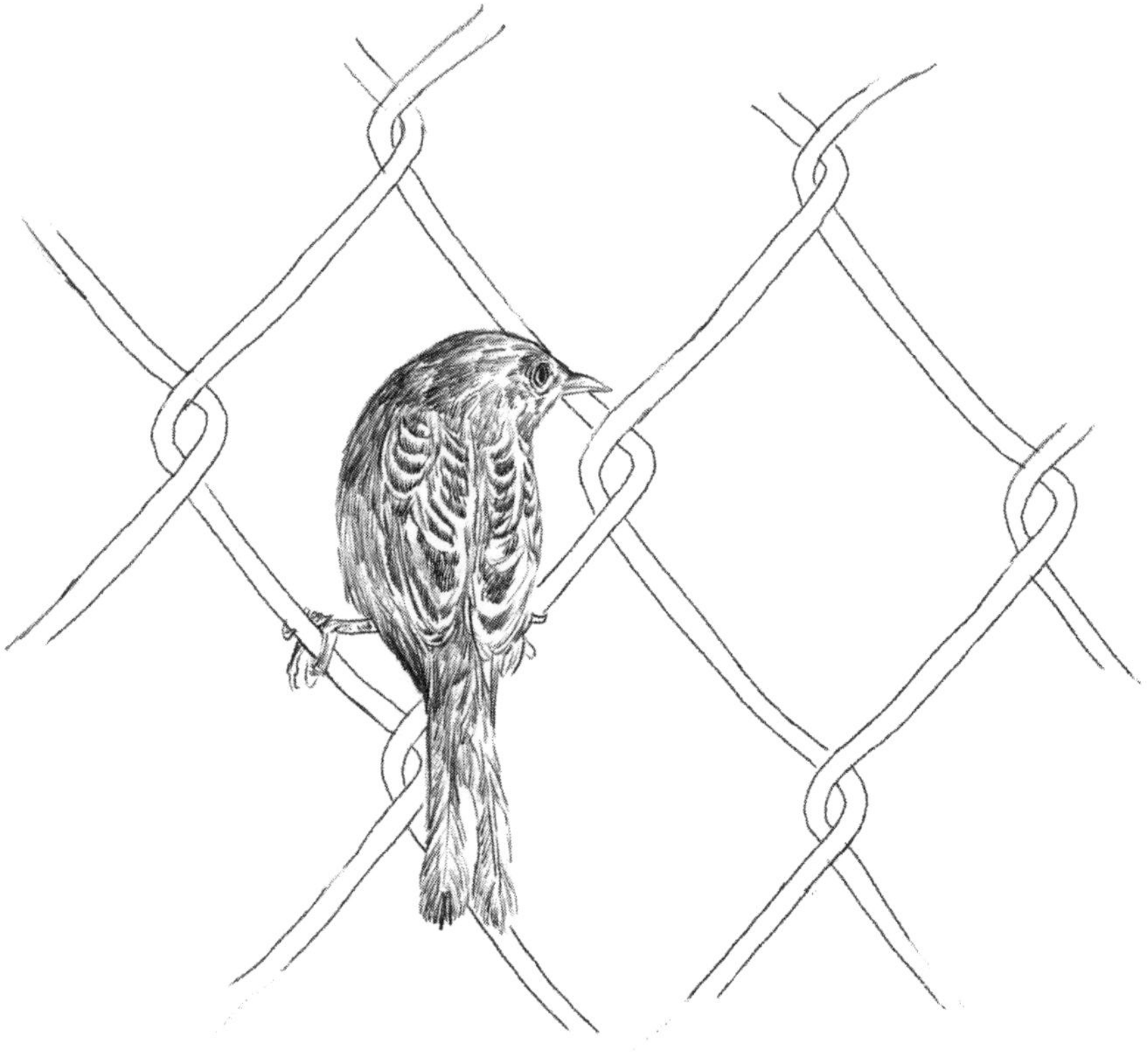

3 こんな毎日、耐えられない！

すべての日がそれぞれの贈り物をもっている。

——マルティアリス『エピグラム』

Q 毎日の家事、やりたくない

毎日の家事が苦痛で仕方ありません。子供が日々成長していく育児と異なり、家事はひたすら「マイナスをゼロに戻す作業」のように思えます。人間生活の基本であり、大切な務めであると頭では理解できますが、本当にやりたくありません。わがままな悩みとは思いますが、どうしたら好きになれるでしょうか。

（55歳・女性）

A

家事というものは確かに、いくら頑張ったところで当たり前とは思われても褒めてもらえることはありません。人間が生活する上で発生するさまざまな乱れを整えるための作業は、仰せのとおり単純にマイナスをゼロに戻すだけの地道な行為です。

家事の数が減らせれば一番いいのかもしれませんが、そうすると原始時代の人々のように、洞窟のような場所でできるだけシンプルに暮らすか、定住地を持たない遊牧民のようになるしかないでしょう。

ちなみに私の場合、一応家事をしながら生きてはいますが、それほど苦痛だと感じたことはありません。おそらく日々優先順位で考えなければならない仕事があるので、家事を義務とは捉えておらず、できる時にやればいい、不潔にならなければいい、という程度の向き合い方しかしていないからでしょう。やりたくない時には無理にはやりません。時々仕事に行き詰まれば、気晴らしに大掃除をすることもありますが、家事のために家事はしない。何かのついでにやる、という程度の考え方だとそれほど気にならないと思います。

家事は生活に付随する行為であって生きる目的や義務ではありません。頑張り過ぎず、怠け過ぎず、人生の〝ついで〟くらいと思っていれば、好きにはなれなくても、精神的負担はかなり減るのではないでしょうか。

家事は生きる目的や義務ではない。〝ついで〟くらいでいい

Q 夫が寝室に行ってくれない

私の夫は48歳、トラック運転手。夜中ずっと走りっぱなしで頑張ってくれています。たまに帰宅した時、しっかり布団の上で休んでほしいのに、食後、必ずソファで2～3時間は寝ます。何度か促すのですが、なかなか寝室に行ってくれません。その後、ベッドの上でスマホのゲームを2～3時間やっています。きつく言うと逆ギレします。仕事柄、睡眠は不規則で、事故につながらないかと心配です。

（50歳・女性）

A

漫画家も締め切りに間に合わせるために、時には睡眠時間を削らなければならず、数日間ほとんど徹夜で作業する人もいます。トラックの運転手さんの過酷さとはまた別の種類ですが、少なくとも「やるべきことを果たすまでは眠れない」という意識は共通です。いざ仕事が上がってみると「ああ、これでやっと好きなことが思う存分できる！」とスイッチが入ってしまいます。自分だけの自由をじっくり味わいたい思いで頭がいっぱいになってしまうのです。

うちの家族もソファで居眠りしている私を見ると「さっさと寝なよ！」と声を上げますが、どうやら「寝なよ！」と強く言われれば言われるほど、眠気は萎えてしまいます。布団に横たわっても意識は覚醒しているわけですから、すぐに眠れるわけでもありません。

健康への不安や心配はじゃんじゃん伝えるべきですし、体をいたわる気持ちはストレートに届きます。ただ、「布団で寝て」と強調すると、単に〝布団で寝る〟という任務を押し付けられているような気持ちになってしまうでしょう。睡眠を家庭での義務と考えるのを止めれば、ご主人も体調や睡眠欲のシグナルを察知しやすくなるかもしれません。何より睡眠は生き物の本能なわけですから、本当に眠い時には必ず寝ます。寝るのがもったいない、できるだけ起きていて何かをしたい、という意欲があるうちは、まず大丈夫だと思います。

睡眠は本能。本当に眠い時には必ず寝る

Q 昼間のテレビ番組に腹が立つ

昼間にテレビをつけると、芸能人の熱愛発覚だの政治家の不倫だの、くだらない内容が多く、絶望的な気分になります。芸能人は芸が仕事だし、政治家は政治活動のためにいるはずです。公共の電波では芸や政策そのものを伝えるべきではないでしょうか。番組制作者が「バカな視聴者には、この程度のものを見せておけばいい」と考えているようで腹立たしくて仕方ありません。欧州でも同じでしょうか。

（21歳・女性）

A

ヨーロッパではイギリスのように有名人のゴシップ報道が盛んな国もありますが、私の暮らすイタリアのテレビはそれほどでもありません。例えばかつてイタリア首相だったベルルスコーニ氏が任期中、11人の女性たちとベッドルームで熱い年越しをしたという仰天ネタが取りざたされたこともありますが、よほどでない限り、有名人の恋愛や不倫が報道番組で扱われるようなことはありません。そういうネタに関心がある人はネットやゴシップ雑誌から自主的に記事を拾っている感じです。興味がない人も強制的に知らされるということはありません。

欧州の人々が報道番組に求めているのは、今なら移民問題など暮らしに直接影響を及ぼす事象の実態や、世界の社会情勢です。こんなご時世に実質的に何の役にも立たない芸能人や政治家のプライベートな恋愛ざたなどを報道すれば「視聴者をバカにしてんのか」と猛烈なバッシングを受けることは必至です。欧州の人々はメディアにシンパシーもなく、根本的に信用していませんから、メディア側も辛辣《しんらつ》で容赦のない視聴者からの批判を意識しつつ、常に重要性を吟味して選んでいると言えるでしょう。

ただ、政治家や有名人のゴシップネタは古代から存在し、かの英雄カエサルもたくさんの愛人がいたことで誹謗《ひぼう》中傷に随分苦労したようです。どの時代にも、この手のネタに飽くことなく食らいつく民衆がいることだけは確かです。気にくわなければそんな番組を見なければいいだけです。

ゴシップは古代から存在。カエサルも苦労させられた

Q 仕事ができなすぎて泣いてます

昨年4月に事務職に転職しましたが、パソコン操作もほとんどできず上司に頼りっぱなしです。前任者に質問しても意味がわからず、仕事が進みません。人見知りもあって、尋ねるだけで時間がかかり、仕事ができないまま一日が過ぎていきます。毎日、帰宅後に情けなさと不安で泣いてばかりいます。仕事の意味を理解してさっさと質問し、円滑に進めていくには、どうしたらいいでしょうか。

（42歳・女性）

A

人生、周りの人に一切迷惑をかけず生きていけるとしたら、なんて気楽なことでしょう。しかし、そんなマジカルな生き方ができている人など、この世にはほとんど存在しないと思います。人間は卵からふ化してすぐに自立できる生物と違い、生まれた瞬間から周囲の人々に世話を焼いてもらい、迷惑をかけながらでなければ生きていけない定めを背負った生き物なのです。

さらに人間の場合は生きていくための技を身につけねばなりません。仕事と限らず、芸術でも運動でも勉強でも何であっても、技を自分のものにするためには周りの人間の力を借りることは必至ですし、学ぶ方もそれに費やす期間や労力には個人差があり、さまざまです。

まず「自分がもっとできる人間だったら」という理想を抱くのをやめるべきだと思います。「もっとこうでありたい、ああでありたい」と思う気持ちを捨てて、自分はひとつのことを覚えるのにそれなりの時間がかかる人間なのだと自覚を持つだけでもかなり楽になるはずです。つらくて泣いているのは理想に圧迫されている等身大のあなたの本質です。生きる糧として仕事を学んでいるわけですから、人の目やひんしゅくなんてなんぼのもの、です。わからないことはわかるまで周りにとことん手伝ってもらい、失敗も苦悩も涙も糧にして努力しているあなた。責める人がいれば、その人の個人的な問題だと思うくらいの勢いで頑張ってください。

つらくて泣いているのは理想に圧迫されるあなたの本質

Q

米国籍の夫が日本語を学ばない

米国人の男性と結婚して10年。日本で一緒に住んでいます。夫は40歳になりましたが、ずっと英語を使って仕事をしており、覚えた日本語は「コンニチハ」「アリガトウ」レベルです。中国人男性と結婚した女友達に先日、「アジア出身の外国人なら日本で母国語しか使わないのはありえない」と言われました。夫には少しでも日本語を勉強してもらいたいです。気持ちが通じる説得方法はあるでしょうか。

（38歳・女性）

A

言語というのは、生活における絶対的な必要に迫られなければ、習得に力を入れられるものではありません。国際結婚夫婦で、暮らす土地の言語をどちらかがうまく使いこなしてしまうと、片方は力を抜いてしまうものです。ましてや少しでも英語が通じる土地に暮らし、不自由がなければ、それでいいや、となってしまうのはあなたの夫に限ったことではありません。

日本には上手に日本語を駆使する外国の方がたくさんいますが、日本語のように世界屈指の難しい言語は、もともと言語そのものに対する強い興味や好奇心、習得欲求のある人でなければ積極的に勉強する気にはなれないでしょう。あなたは中国人の夫のいる友達の発言に触発されて夫を「周り」と比較し、結婚10年にして今ごろ日本語のできないことに疑念を抱いていますが、今までは夫婦として、共同生活者としてうまくやってこられたのですよね？　わかり合える夫婦でいたわけですよね？　だったらこのままでもいいのではないでしょうか。

私の夫も外国人ですが、国際結婚には最初から幾つかの条件が付随しています。そのひとつが言葉も含め、お互いの国の文化や生活習慣を完全に吸収するのは不可能だということです。それでも一緒にいたいと思うのが国際結婚です。同じ国の人間が結婚し、毎日同じ言葉をしゃべっていても、気持ちが通じ合わない夫婦だっているのですから。

完全に理解し合えずとも一緒にいたいと思うのが国際結婚

Q 実家で働く夫が親の言いなり

夫と1歳の娘と3人でアパート暮らしをしています。夫は実家（自営業）で働き、親から給料をもらっていますが、その給料が少なすぎて生活できません。私の貯金を崩してきましたが、それもなくなり、今後どうしたらいいのかわかりません。夫の親とは結婚前からもめているので同居するわけにもいかず、給料は絶対に上げないと言われています。夫は親の言いなりです。いい方法はないでしょうか。

（29歳・女性）

A

いい方法、ですか。まず、ご主人と家庭の経済状況について真剣に話し合えていますか？　このままでは生活は困窮するばかりだということを彼は把握していますか？　それでも彼が「なすすべがない」というのであれば、暮らし方を変えるか、お金をなんとかするしかないと思います。宝くじを買う、内職をする、友人や親族または金融会社から借金をする――。恐らくこの相談を見た多くの人は「え？　なぜあなたも働かないの」と感じたのではないでしょうか。幼い子供がいて、お金もなくなり、生活が苦しくなってきている今の苦境を、救ってくれるのは夫だけだとも思っているのなら、そんな幻想を抱くのはやめるべきです。

私は、あなたと似た立場におかれていた女性を知っています。彼女は自分で仕事を見つけ、必要最低限の生活費くらいは賄えるようになったそうです。あなたにはまだ、働いている夫がいます。この世には女手一つで誰の援助もなく、それでも子育てしている母親もいるのです。

子供をできるだけよい環境で育てたいと思うのであれば、夫や夫の両親があなたの不安を理解してくれないことを、いつまでも気にしている場合ではありません。お金は天から降ってくるものでも、誰かがあなたに同情して無償で差し出してくれるものでもありません。生活費が必要ならば行動に出るしかないのです。それだけは念頭に置いていてください。

今の苦境を救ってくれるのは夫だけ？　それは幻想

Q 義母と2人残った人生にストレス

結婚して40年。義父母と同居しフルタイムで働いてきました。2人の子供も結婚したので、夫の定年後は2人でのんびり暮らそうと思っていたところ、夫が60歳で亡くなってしまいました。義父も亡くなった今は義母と2人暮らし。話はかみ合わず、家事のやり方も違うためストレスはたまるばかり。家にいるのがつらくて定年後も働いています。第二の人生は気兼ねすることなく過ごしたいのですが。

（62歳・女性）

A

相性の合わない人と残りの人生を一緒に過ごす。親族とはいえ、なんともやりきれない顛末になってしまいましたね。自分がもしあなたの立場ならどうだろう、姑と同居はできるだろうかと想像してみましたが、結論は「無理」でした。しかも我が家の場合、家族は人種が違いますから、高齢になればなるほどお互いの理解のハードルも高くなること間違いなし。私にとっては過酷な山岳修行より困難の伴う経験となるでしょう。

周りからのひんしゅくは避けられないと思いますが、私は精神衛生を優先し、姑とは暮らさないと思います。少し離れた場所に部屋を借りて、たまに会う程度にしておけば、なんとかやっていけるかもしれない。自分のプライベート空間さえ確保できれば、1日に数時間、姑と過ごす程度なら耐えられるのではないかという気がします。

どうしても別居がかなわなければ姑と過ごす時間を極力減らす。パートやアルバイト、または趣味の習い事でも始めれば家の外で過ごす時間も増えますし、家事以外に熱中し一生懸命になれる何かがあれば、姑との相性の悪さもそれほど苦痛に感じられなくなるかもしれません。

じっと待っていても状況が改善されるわけではないですから、自分のものの見方や考え方を変えていくしかありません。視野を広げれば姑の重要性も薄くなる。面倒かもしれませんが、ストレスをため込むよりはマシだと思います。

視野を広げれば姑の重要性も薄くなる

Q 周りから見下される感覚に陥る

2年ほど前から、時々周囲の人が自分をばかにしているような感覚に陥り、苦しいです。「周囲の人」とは、担任の先生やそれぞれの専門教科の先生、あるいは話はしてもあまり親しいわけではない同級生などです。相手は私のことを見下したりあざけったりするような悪意はなく、普段通りに接しているだけだと思います。何気ない言葉であるにもかかわらず、自分をばかにしていると捉えてしまいます。

（18歳・女性）

A

気分がダウナー（落ち込んでいる）な時に限ってですが、私も似たような気持ちになることがあります。家族や友人の態度がいつもより素っ気ないと、知らぬ間に彼らを傷つけるようなことをしたのではないかと気になったり、嫌われたのではないかという不安に見舞われたりして、自分はつくづくダメな人間だと徹底的に自己否定をしてしまう。それまで向き合いたくなかった自分の嫌な部分を再認識して、すっかり落ち込んでしまう。

ところが、後にそれが自分の思い過ごしだったことがわかる。自分の気持ちがへこんでいたせいで、社会や周りの人間が自分を拒んでいるように感じてしまうのは、人間であれば誰にでもあることだと思います。

人間とはどうしても、周りの人がかたどる自分を自分自身だと思い込みたい、他者による承認欲求が強い生き物です。でも人々も、そしてあなた自身も、毎日の気持ち次第でものの見え方は目まぐるしく変化する。鮮やかで美しいと思っていた色が、落ち込んだ気持ちで見るとくすんだ色にしか見えないこともある。自分の判断も、人の判断も極めて気まぐれなので、あてにしてはいけないのです。

社会において人の態度越しに自分を見てしまうのは避けられません。ただ、それだけが自分を認識するための唯一のすべてではないということです。人には判断できない自分自身の価値を育めるよう、趣味でも何でもいいので、自分とだけ向き合える時間をもっと作りましょう。

他人の目だけが自分を認識する唯一のすべてではない

Q　浮気した夫を許せない

結婚3年目。旦那が結婚当初から浮気していたことが発覚してから1年がたちました。発覚後は私の元に戻ってきましたが、苦しい日々が続き、旦那を許せない自分がいます。まだ小さい子供がいるので、離婚はしませんでした。しかし、これからもずっと一緒にいるのはどうしても無理で、いずれ離婚するだろうと思います。私は間違っているでしょうか。どのように人生を送ればいいのでしょうか？

（28歳・女性）

A

結婚は、多くの人たちが人生における最高の幸せと考えていると思うのですが、本当にそうなのでしょうか。人生が80年あるとすると、人間として一生を生きる上で向き合う困難は、結婚をしてからの方が圧倒的に多くなります。この長い年数の間に発生するお互いの失敗や過ちを許し合っていけるかどうか。それを試されるのも、結婚です。

私がかつて11年も暮らした男性と、妊娠をしても結婚に踏み切らなかったのは、結婚という契約の拘束を受け入れる勇気がなかったからです。私はその男性とは別れ、しばらく後に別の人と結婚して18年たちますが、今後負荷が大きくなれば別れることも考えるでしょう。「仲が悪くても夫婦は一緒にいるべきだ」という人もいますが、もし私が子供なら、いやいや結婚生活を送る両親とは過ごしたくありません。

あなたが離婚を〝間違っている〟と感じるのは、世間の目という倫理を意識しているからでしょう。言っておきますが、世間はあなたに無理に結婚生活を送らせても、そこであなたが向き合うことになる苦しみの責任は持ってくれないのです。

私の周りには不仲な夫と何十年も一緒にいる夫婦もいれば、長い年月の間に恋愛感情も消えて友人のようになった夫婦も、夫に愛人がいるのにそれを知っていて結婚生活を送る夫婦もいます。お互いを許し合っていけるのであればいいですが、それができない人のためにあるのが「離婚」です。なので離婚は間違い、ではありません。

〝間違っている〟と感じるのは世間の目を意識しているから

Q 冷え切った関係の両親にうんざり

両親の関係が冷えきっており、娘の私から見ても夫婦とは言い難い状況です。母は怒りっぽく、父は基本的に無口。母は私に父の愚痴を言いますが、私もうんざりです。お互いの不満で口げんかをしても関係は改善しません。私も気をつかって生活するのは苦痛です。両親の仲が良くなる方法を教えてください。このままでは、私が結婚して家を出て以降、両親二人きりの生活になってしまうのが怖いです。

（26歳・女性）

A 私の義母いわく、義父とは一緒になって45年、その間けんかを絶やしたことがないそうです。確かに彼らは人前であろうと声を張り上げて言い争い、義母から聞かされた義父の悪口は数知れず。私の夫はそんな両親と一緒にいるのがつらくなり、10代半ばから一人で留学生活を始めました。

確かに子供にとって両親のけんかは嫌なものです。ただですら生きるのは容易ならぬことなのに、安息を与えてほしい家族までが人生への不平不満を爆発させるのではやりきれません。自分を大切に思うのなら、両親にはなるべく仲良く過ごしてほしいと子供なら誰しも思うでしょう。

では、自分の周辺で夫婦げんかをしなくなった人の事例を挙げてみます。友人の奥さんは某フィギュアスケート選手の追っかけになってから、夫に文句をつけることがほとんどなくなったそうです。仏教の禅哲学に一時期はまった私の夫は、座禅を始めてから一切怒らない人になりました。極端ですが、妻以外の女性を好きになったら家族関係が安定したという男性もいます。要するに、けんかはお互いの存在に強い意識が向いてしまうからこそ、発生してしまうものなのです。

そう考えると、あなたが思うほどご両親は不仲ではないのかもしれない。うちの義父母も、別れる別れないを繰り返しつつ、40年以上一緒です。どうしてもけんかをやめてほしいのであれば、ご両親それぞれに伴侶への関心以外に何か興味を持ってもらうしかないかもしれません。

けんかはお互いの存在に強い意識が向くからこそ起こる

Q 彼に振られたことをうそで隠すのはアリ？

6月に大好きだった彼に振られたことを、職場の同僚に話していません。自粛解除後の飲み会でも「彼とはどうなの？」と聞かれ、「順調です」と答えてしまいました。根掘り葉掘り聞かれるのが嫌で、どうしてもうそをついてしまいます。罪悪感はありますが、これ以上プライベートを知られたくありません。今後もうそをつき続けていくべきでしょうか。

（29歳・女性）

A

私はうその全てが悪質だとは思っていませんし、生きていく上で、自分を守る為に必要に応じてはうそをつくのもありなんじゃないかと思います。

ただし、うそというのはメンテナンスが大変なので、あなたのようにうその後ろめたさを他者に相談するような人は、うそを保持し続けていける体質ではないのかもしれません。そのうちうそに疲れて、事実を伝えて楽になりたい、と思う時がくるでしょう。その時は「なかなか言い出せなくて」などといった前置きもありでしょうね。まあ、これも本意でなければプチうそにはなりますが。

かといって、仮にあなたが会社の同僚に正直に事実を告げたところで、干渉しないでほしいなどと口にした日には、その人たちとの関係は気まずいものになるわけですよね。会社で円滑に仕事をしていくために、うそという手段を使って地雷を踏まないようにするのは、誰にでもあることなんじゃないでしょうか。そもそも彼氏に振られて一番傷ついているのはあなたなのですから、この場合のうそは、傷ついた心を守る為の正当防衛としていいと思います。

この世界、正直者が常に正当とされるわけではない

この世界では正直者であることが常に正当とされるわけではありません。でもうそばかりついていると、他者もあなたも深く傷つくことになる。結局、大人になってからのうその是非については、あなたが自分で判断をしていくしかないのだと思います。

Q

「推し」の自死に夜も眠れず

人気俳優が自死したショックを引きずっています。笑顔の裏にあった彼の苦悩を思うと苦しくなり、涙が出ます。朝起きると彼のことを考え、夜も彼の作品や音楽に浸ってしまい、眠れません。気力や食欲も低下し、仕事へのやる気もありません。私自身にも世間にも忘れてほしくないので、ずっと考えてしまいます。私はどうなってしまうのでしょうか。

（40歳・女性）

A

エンターテイナーは生きる楽しみを与えてくれる存在ですから、そんな彼らが突然自ら死を選択してしまうと、私たちは人生のネガティブな現実を突きつけられ、がくぜんとなってしまうのだと思います。それくらい彼らは私たちの想像や妄想でかたどられた、負荷の大きな仕事を担っているのです。

自死してしまった彼は、あなたにとって生きる喜びや勇気の糧であり、健やかな毎日のためにも、いつまでも存在していてほしかった。それが突然の自死によってあなたは心のよりどころを失い、この世からいなくなってしまった事実を認めたくないという思いが、世間が彼を忘れてしまうことへの不安や悔しさを生み出している。

でも、よく考えてみてください。彼は俳優である以前に、ひとりの人間だったのです。私たちは自分たちに都合のいいように、彼らにはたとえ生きていくつらさや不条理に直面しても常に前向きな存在であってほしいと願いますが、それは勝手で強引な解釈でしかありません。

「どうして?」「なぜ?」という悲しみの傍らで、彼らを今まで頑張ってきたひとりの人として敬い、ねぎらい、感謝しつつ、積極的に前向きな思いを取り戻してください。何より、彼の思い出はあなたが生きている限り消失することはないのですから。

彼の思い出はあなたが生きている限り消失しない

Q 正論突きつける夫が嫌い

私は夫が嫌いです。正論を突きつけてくる。面倒くさい。育児や家事どれをとっても意見を言ってくるので「お前は駄目な人間だ」と言われている気分になります。私が意見を言おうものなら必ず理論的な説明を求められ、反論してくるので疲れてしまいます。今、夫は在宅勤務なので息が詰まりそうです。この先どのような心持ちで生活すればよいでしょうか。

（39歳・女性）

A

もしご主人があなたの育児への頑張りに対して、理論的な批判ではなく素直に激励してくれていたのであれば、今のようなすさんだ気持ちになることは避けられたかもしれませんね。

ただでさえ子供を産んで育てるというのは容易なことではありません。ましてやそこにコロナ禍という影響が及び、ご主人の在宅勤務など、非日常的な日々へのストレスはたまる一方だと思います。

ご主人も外での勤務であれば気にならないはずの子育てに意識が向いてしまって、あれこれ口出ししたくなるのでしょう。

イライラしている親は子供の情緒を不安定にしてしまう可能性があります。どんな親も子供には生きる喜びを感じながら健やかに育ってもらいたいと願うはず。私であれば、しばらく実家に戻るなど夫と距離を取るだろうと思いますし、実際息子の父親とは息子が2歳の時に別れることにしました。とにかく一旦離れてみないと、自分の視野は狭窄《きょうさく》的になる一方ですし、本当にどうしたいのか冷静に判断したいと思ったからです。少し離れてみれば嫌悪感も和らぐかもしれませんし、それでもダメなら別離を考慮したほうがいいと思います。何にせよ、あなたの夫への嫌悪感が我慢の臨界点に到達すれば、その時はおのずと、ご自身に一番ふさわしい判断のスイッチが入るんだろうと思います。

嫌悪感が我慢の臨界点に達すれば判断のスイッチが入る

Q 双子の育児がつらい

双子の母。産後の肥立ちが悪く実家で育児をしていますが、双子育児は想像以上に過酷で産後うつになってしまいました。特に子供が泣くとイライラして育児ができなくなります。実母は母親だからしっかりして当たり前と言います。母自身が親に頼らずやってきたので私は甘えていると思うのでしょうが、一番味方でいてほしい母の言葉に傷つき、つらいです。

（33歳・女性）

A

子育てはこうあるべきである、そして自分を助けてくれる母親にはこう振る舞ってほしい。あなたはきっとそういった「本来であればこうあるべきだ」という思惑に縛られてしまっているのかもしれません。

私は海外で未婚の出産をしたあと、パートナーとは別れて日本へ戻り、やはり母の助けを借りながら子育てをしていた時期がありました。当時の私は仕事も持たず、漠然とした将来への不安からうつのような状態に陥っていました。自分がつらかっただけに、泣いている子供を見ていると、生きる過酷さを訴えられているような気がして、申し訳なさでいっぱいになっていました。

夫に早くに先立たれた母は、よく「親にも頼れなかった私の時はあなたより大変だった」「余計なことで悩んでないでしっかりやりなさい」などと自分の過去と比較した言葉を私に説いていましたが、結局母とは一緒に暮らすのはやめ、仕事などで自分が必要な時にだけ彼女の助けを借りるようになりました。いくら親族であっても、母親と全ての価値観を共有することは無理だと感じたからです。

とはいえ、まだ自分には母親という手助けがいるだけでもありがたかったものでした。あなたのお母様も、文句は吐露しても結局あなたを助けてはくれています。味方としてはそれで十分じゃないでしょうか。

いくら親族でも、母親と全ての価値観を共有するのは無理

4

自分の常識は他人の非常識!?

物事に驚くことはやめなさい。
なによりもまず、
自分を物事の奴隷にするのをやめなさい。
そして、物事のためにそれらを
あたえたり奪ったりできる人びとの
奴隷になるのもやめなさい。

――エピクテトス『語録』

Q 「好きでなくても結婚」すべきか

これまでの人生で最愛の男性と結婚できず、結果的に独身で出産も経験していません。そんな私に「日本の人口が減るのは自分のことしか考えない女が増えたせいだ」と言って引け目を感じさせようとする人がいます。「女は産む機械」と発言した政治家もいました。出産・育児以外の仕事で多少は社会に貢献しているつもりなのですが、たいして好きでなくても誰かと結婚するのが正しい生き方なのですか。

（47歳・女性）

A

原始時代ならまだしも、現代の人間にとっては結婚も出産も愛情や敬いにまつわるものであるはずなのに、「自分のことしか考えない女」などという暴言には、それが全く感じられません。子供というのは少子化を阻止する目的の為だけに産むものなのでしょうか？　引け目というのは、この世に日本人の遺伝子を残せないことに対してですか？　たいして好きでもない人と結婚し、後ろめたさを感じたくないから、世間が皆そうしているから子供を産む。本当にそう考える女性ばかりが増えたとしたら、生まれてくる子供たちが気の毒でなりません。

人間の社会はご存じのように複雑化を極め、さまざまな理由から生き延びる難しさを感じた人が自ら死を選ぶことすら度々あるのが現状です。そんなところへ、ただ体裁のために、「産んでください！」と挙手したわけでもない子供を産むのは、言い過ぎかもしれませんが虐待に近いものを感じます。楽しいだけではない現実と向き合っていかねばならない子供たちに対して親が最低限できるのは、子供たちの命を何よりも尊び、どんな境遇の中でも支え続けてあげることです。無償の愛情で守り抜いていくことです。

成熟した社会を築いていきたいなら、女はとにかく子供を産め、少子化を食い止めろ、などという思惑を持っている人は、独身女性を不当に責めるのをやめてほしい。今は原始時代ではないのですから。

成熟した社会を築くなら独身女性を不当に責めないで！

Q 自由奔放は三十路を機にやめるべき？

努力もせず、我慢もせず、気の向くままに生きてきました。周りの友達は結婚し、子供も授かり、ごく普通の生活を送っています。自分は散々悪いことをしてハイリスクハイリターンのグレーな仕事をして楽しく生きてきました。全身に入れ墨が入っており、一般の人とは思えないくらいです。友達には「もう30歳だし、まともになったら？」と言われます。自由奔放をやめて普通の人生を送るべきでしょうか。（30歳・男性）

A

日本に戻ってくるたびに感じるのは、この国における〝世間体〟という規範の強烈な支配力です。空気を読む、読まない、という言い方がありますが、これこそまさにこの暗黙規範の存在を示すものでしょう。日々懸命に空気を読みつつ、世間体規範をしっかり守って生きている人々にとっては、ボーダーレスを表すあなたの入れ墨だらけのたたずまいや、努力も我慢もしない自由奔放さは確かに目障りでしょうし、疎まれても仕方がありません。

でも私は、悪事はともかくとして、あなたが周りと足並みを全くそろえないまま30歳という年齢を迎えたこと、一般の人とは相いれない様子であることに対して特別な違和感は覚えません。「まとも」で「普通」な人しかいない、人間の多様性を許さない社会こそ異常だと思うからです。そんなあなたがやがて家族を持ちたいと思い立ったり「まとも」な人に転換したくなったりしたら、勝手にそうすればいいだけのことです。やっぱり今のまま自由奔放な生き方が自分の性に合っていると感じたら、そのままでも全然かまわないと思います。あなたとは違う生き方を選んだ周りの人々を敬ってさえいけるのであれば。

それにしても、体裁の上では立派そうに振る舞いつつも、自らを俯瞰《ふかん》できない人がやたら目に付くご時世に、あなたが自分自身の異質性を客観的に分析して、新聞の人生相談に投稿したことが私にはとても新鮮に感じられました。

人間の多様性を許さない社会こそ異常

Q 悪習廃止訴えるのは「変な人」？

バレンタインデーに一斉に義理チョコを渡してホワイトデーに返してもらうという空騒ぎは、業界の販売作戦に乗せられているように思えます。コミュニケーションを円滑にする効果も特に実感できません。会社を挙げてこの悪習を廃止し、その分の代金を義援金として寄付している職場があると知り、感銘を受けました。私の会社でも導入を呼びかけたいのですが、「変な人物」と見られないでしょうか。

（26歳・女性）

A

バレンタインデーとは本来、古代ローマ時代の聖人に由来する〝恋人の日〟です。本家本元の欧州では男性が恋人や妻に花やプレゼントを贈っていますが、それも面倒でやらない人のほうが多いくらいで、特に重要視されてもいません。ましてやホワイトデーは存在すらしません。だからキリスト教徒でも何でもない日本の人たちが2月14日に向けて義理だ本命だとチョコレート調達に奔走している姿は奇妙ですし、3月14日のお返しの日も本当に必要なのか、あなたのように、そんなことに費やせるお金があるのなら義援金として寄付したらどうか、と思う人がいても自然なことでしょう。

ただし、その意見を呼びかけることで「変な人と思われたらどうしよう」という中途半端な惑いがあるのなら、革命家的な資質がないということなので潔くやめるべきでしょう。商業的策略とはいえ、バレンタインデーやホワイトデーを楽しみにしている人の中には、あなたの提案に全く説得力を感じず、偽善という体《てい》のねたみと捉えたり、ウザいと思ったりする人が必ずいるはずです。

惑いがあるから人生相談にこうして投稿したわけですが、どんな世界においても自らの発言に惑いが見える人は責められます。発言の後の顚末が怖いようなら、同調する人を集める前に義援金はまずあなたが一人で実践し、機会があれば、そういうことをしたのだと細々、周りに伝える程度にしておいた方が無難かもしれません。

中途半端な惑いがあるなら革命家的な資質はない

Q 「なぜ子供いないの?」に怒り

結婚して6年。流産を2回経験して子供はいません。先日、数年ぶりに再会した友人一家と食事をした際、彼らの子供に指をさされ「この人、子供は?」と大声で聞かれました。「いないの」と答えると「なんで?」。「なんでかな」とごまかしましたが、日がたつにつれ怒りがわいてきました。このままでは、その場で謝りもせず子供を止めようともしなかった友人を恨んでしまいそうでつらいです。

(42歳・女性)

A

まず、そのお友達はあなたが過去につらい経験をしたことを知っているのでしょうか。知っていながら自分の子供があなたを傷つける言葉を繰り返しているのを制しなかったのなら、それはお友達に他者をおもんぱかる敏感さが欠けていたように思います。

仮に、もしお友達があなたの抱えている傷を知っていたとしても、おそらくあなたが感じているほどつらさを理解できていない可能性もあります。でも、それは仕方の無いことです。自分の傷の深さを他者に理解してもらうのは不可能だと私は思っています。社会のさまざまな事象を見ていてもそれは歴然としています。「自分ならこうするのに、なぜこの人はそうしないのだろう」と考えがちですが、それはあなたの基準であり、他者は別基準で生きているのです。お友達は、まさかあなたをそれほど嫌な気持ちにさせたとは思っていないかもしれません。

お友達には、今回あなたが感じたことをはっきりと伝えるか、そうでなければ諦観するしかありません。そのまま言葉にする勇気がなければ、何か例えを作って遠回しに言ってみるのもありでしょう。とにかく、相手に自分の不快さの「沸点」を知ってもらわない限り、今後も同じような思いを強いられるのは必至です。恨まれる自覚の無い人を一方的に恨むようなことにだけはならないようにしてください。

自分の傷の深さを他者に理解してもらうのは不可能

Q 母が勝手に私の名で香典を包んだ！

親戚付き合いで形式を最優先して、自分の考えを押しつける母に閉口しています。数年前、幼い頃から大嫌いだったおじが亡くなりました。母に「葬儀に出る気も香典を包む気もない」と伝えました。しかし先日、母が内緒で、私の名前で香典を包んでいたことが発覚。「なぜ勝手なことをしたのか」と聞いても黙ったままでした。母のことは大好きですが、今後も同じことになるかと思うとうんざりです。

（47歳・女性）

A

さまざまな人種が入り交じり、日常生活における人付き合いの考え方もそれぞれという国とは違い、日本で社会生活の形式の統一化は著しいものがあります。それに背いた生き方をしようとすると人間関係にも簡単に支障が起こります。ましてや家族・親族間となると、関わり方はなおさら面倒になりがちです。お葬式のような儀式の場合、とりあえず形だけでもやるべきことをやっておかないと、後々気まずくなる可能性もありますから、それを踏まえると、親が子供の人付き合いに対して慎重になるのは当然かもしれません。

今回も、親族が亡くなったのに香典を包まなければ、親族から非常識だと非難されてしまう懸念がお母様にはあったのではないでしょうか。たとえあなたが「なぜ自分がおじさんが嫌いなのか」という理由を伝えたところで、お母様としては「亡くなった人に対して好き嫌いなど言ってる場合ではない」と思うかもしれません。だとすると、あなたの言い分は理解してもらえないでしょう。

お母様にはっきり伝えるべきことは「おじさんが嫌いだ」ではなく、親戚付き合いのために本心を偽りたくないという意思だと思います。香典を出さなかったことで親戚からバッシングされても、その責任は自分が持つという毅然とした意思表明が必要です。お母様は自らへの飛び火も気にするでしょうが、あとはあなたの判断次第です。確固たる姿勢を見せない限り、今後も同じようなことが繰り返されるかもしれません。

伝えるべきは「本心を偽りたくない」という意思

Q 高圧的な父に従い続けるべきか

父は不機嫌になると「誰の金で生きていると思っているんだ」と怒鳴り散らし、自分の理屈を押し付けてきました。去年のお盆、父が母をひどく傷つけ泣かせたのを見て、初めて反抗しましたが、関係が悪化しただけでした。母は「そういう人だから受け入れなさい」と言います。母のためを思えば、これまで通りご機嫌取りをしていくべきなのでしょうか。

（26歳・男性）

A

「誰の稼いだ金で生きていると思ってるんだ」というお父さんの発言に対してあなたが反発できなかったのは、その怒りの中に本来なら頼れるべき存在であるはずの父親の抱える心細さやつらさを感じ取ったから、というのもあるのではないですか。

無論、父親であろうと異論があれば言及するべきですし、反発心は、家族への敬いと愛情の表れでもあります。そもそも家族というのは、こうした相互の軋轢《あつれき》や不理解がてんこ盛りに含まれた組織なので、もめてこそ正常に機能していると言っていいと思います。お父さんに泣かされてしまったお母さんについては、彼女は息子であるあなたとは違う姿勢でお父さんと向き合っているので、あなたの正義感や倫理や思いやりが彼女を救えるとは限りません。

とりあえず、家族というのはこうあるべきだ、父親や母親はこうあるべきだ、といったフォーマットは払拭しましょう。家族のあり方に基準はありません。父親も母親も家族が形成された時点で無条件に就く役職みたいなものですが、覚えておくべきなのは、彼らはそれ以前に個々の人間だということです。そんな彼らの〝人〟としての苦悩や欠点を受け止め、問題点を分析できる冷静さと寛大さを持つことができれば、息子であるあなたもきっと気が楽になるはずです。

そもそも家族とは軋轢や不理解がてんこ盛りの組織

Q 性格違う義妹にもやもや

夫の妹は私と同学年ですが、独身で親と同居し、食事や洗濯も義母にやってもらっています。マイペースで消費家。思いつきでプレゼントを贈ってきます。自分で稼いだお金を何に使おうと自由ですが、彼女の老後の面倒を見る義務がある血族は私たち一家だけ。そう思うともやもやします。私は心が狭いのでしょうか。

（48歳・女性）

A

私もかつては義母と義妹の、自分との生き方や考え方の違いには悩みました。義母は娘を過剰に可愛がっていましたし、さまざまな苦悩と向き合ってきた私とは違い、家族から揺るぎない愛情を注がれてきた義妹の、無垢《むく》な天真らんまんさが許し難い時期もありました。彼女は私をとても好いてくれているのにそれをうれしく受け止められない。おそらく、嫁ぎ先の家族と自分を比較したときに芽生える不安がそんな具合に気持ちをゆがませていたのだと思います。

あなたの相談も、義妹さんとご自身を対比した内容になっていますが、自分と義妹さんの生き方の方向性の違いを認められないことが、もやもやの原因になっているのでしょう。そこには妬みや羨ましさも込められていると思いますが、家族である以上関わりはこれからも続いていくので、義妹さんについてはあえて考えないようにするのが一番だと思います。

他者は決して思い通りにはなりませんし、もやもや感も嫌な感情のようでいて実はあなたの日常への刺激剤にもなっていると思うので、だったら何か別に熱中できることへ意識をシフトさせてみたらどうでしょう。

私も仕事が忙しくなってからは義妹の性格や振る舞いはまったく気にならなくなりましたから、例えばお料理でも運動でもいいので、妹さんの方へ向かいそうになるエネルギーを他の方向に費やすことをお勧めします。

何か別の熱中できることへ意識をシフト

Q 女の子扱いされたくない

生物学的に女性に生まれ、小さく非力に育った私は、女の子扱いされるのが悩みです。本当は強くてかっこいいイケメンになりたかった。でも身長151センチで、腕力は女友達にもかなわず、声も女子っぽい。たぶん私はトランスジェンダーですが、別に男性の体になりたいわけではなく、ただかっこよくなりたいのです。どうしたらなれますか？

（17歳・女性）

A

私が子供だった1970年代半ば、女性作家が描く少年たちを題材にした斬新な漫画が人気を博した時代がありました。自由が制約される女性としての窮屈さや違和感を覚えていた作家たちと読者たちの心情が垣間見える現象だったと捉えられるでしょう。

子供の頃から女の子が興味を持つようなことに一切関心のなかった私にとって、そうした女性作家による少年が主人公の漫画は、ある種の救いでした。トランスジェンダーなどという言葉がまだなかった時代ですから、自分の持って生まれた体を男性に転換するといった発想をする人もいません。男性的な性格を持った女性は、世間で女性扱いを受けることに違和感を覚えても、他者の目がかたどる自分は本来自分が自覚しているのとは違う、といった諦観と共に生きていく以外になかったはずです。

世間の目に映る自分と、自分が自覚する自分。この二つはどんな人にとってもなかなか合致はしません。あなたはどうやら自分が男性的な性格であるということを他者の目を通して自覚したいようですが、他者の見解ほどあてにならないものはありません。傷ついたり苦悩したりすることがあっても、自分の主張を理解し、自分の本質をしっかり守ってあげることのできる人は、性別に関係なく自然とかっこよくなるんじゃないでしょうか。

自分の本質を守れる人は性別に関わらずかっこいい

Q 親と連絡取るのが苦痛

自分が子育てをして、両親がいかに私に無関心だったか思い知りました。受験など大切な節目でも話を聞いてもらえず、全て一人で決めてきました。わが子を理解し、知りたいと思う気持ちが親の愛ではないでしょうか？　定期的に連絡を取るのが苦痛でたまりません。親の老後の世話は子供の義務なのでしょうか。

（47歳・女性）

A

私の母親は夫が早世しシングルマザーとして娘2人を育てましたが、とにかくがむしゃらに働く人だったので子供は放ったらかし。ろくに一緒にいる時間もなく、ましてや子供を理解しようなどというおもんぱかりなど感じたこともありません。世間的見解での〝良き母親〟としては大失格だったと言っていいでしょう。だから自分に子供が生まれた時は、めいっぱい愛情を注ごうと必死になりました。同時に、親の愛情というものは顕在化せず、子供に伝わらない場合もあるということに、自分も忙しくなってから気がつきました。

あなたがご両親に対して苦痛を感じているのは親子関係に対して固定した考え方があるからで、その通りにならなければ〝愛情不足〟と解釈してしまっているからではないでしょうか。だけど、親をはじめ、人との関わりは千差万別です。血縁であろうとなかろうと、人にはそれぞれの判断や価値観があり自分の思っている通りにはできていないものなのです。

どんなにご両親に不平不満を抱えていても、このような相談を投稿しようと思う、あなたのご両親への愛情は大切なものです。ご両親に施設に入ってもらったって、別にいいではないですか。施設へ入ってもらうことと愛情不足とは関係ないと思います。そもそもあなたたちの親子関係は、世間にさらし、世間に評価してもらうためにあるのではないのですから。

親の愛情は顕在化せず、子供に伝わらないことも

Q ゼミ面接に落ち、目標失う

大学のゼミの面接で落ちました。地方出身で、高校時代から商品開発に携わりたくて、進学か就職かの岐路に立った時、その夢をかなえるため東京の大学を選びました。決め手は「この教授のゼミを受講したい」という強い希望でした。目標達成への道が閉ざされ、何のため大学に通うのかわからなくなりました。親への申し訳なさと、情けなさでいっぱいです。残りの大学生活で何を学べばよいのでしょうか。（20代・女性）

A

目標があるというと、いかにも人として正当な道を進んでいるように捉えられますし、特に日本では一つのことを目指し、いちずに頑張る人間が称賛されます。だからあなたも、目標を達成させようと頑張った自分を正当化していますし、周りの人もそんなあなたを励ましてくれたはず。なのに、なぜまっとうな思いを掲げていたはずの自分の頑張りが認められなかったのか。目標を達成できず、親をがっかりさせた世の中と自分に対して、あなたは失意と憤りを感じているでしょう。

目標は、信念に似ています。何事も信じていたようにならないと、人は「裏切り」と捉えて自分を気の毒がったり、哀れんだりします。しかし、私は長い間、目標や信念がさほど美徳ではない国に暮らしてきたため、安直に人間や情報を信じることや、一つだけの目標にしがみついて生きる危うさを知りました。信念や目標を持つことはあくまで自分勝手な行為であり、思い通りにならなかったことへの落ち込みの責任は、その他の可能性と向き合おうとしなかったあなたにあるのです。

あなたはそのいちずな目標のためだけに突き進んできた道を閉ざされ、上京して大学に通う意味すら見失っている。でも、そのおかげであなたは、右や左、後ろを振り返り、そこにどれだけ広い空間があるのか知るチャンスをもらえたのです。大学だけではなく、さまざまなところへ目を向けてみれば、世の中は学ぶべきことが満載です。大学が全てではありません。

信念や目標を持つことはあくまで自分勝手な行為

5 それでも気になる

いや、わしも人間ですからな。
人間にかかわることなら何でも、
わしにとって無縁とは思えんのですよ。

——テレンティウス『自虐者』

Q 「お前」と呼ぶ上司が許せない

50代の男性上司に「お前」と言われるのが嫌で嫌で仕方ありません。部下を叱る時に「お前、前にも言ったよな」。褒める時も「お前、仕事できるな」。上下関係があるとはいえ、どうして「お前」呼ばわりされなきゃいけないのでしょうか。普通に「○○さん」と名前で呼べば済むことなのに、「お前」と話しかけてしまう人間の品性を許せません。この上司にどう言えばわかってもらえるでしょうか。

（25歳・女性）

A

私も先日、幼なじみに「お前」と呼ばれてびっくりしたばかりです。その人に悪気は無くうっかり言ってしまったのだと思いますが異和感が残り続けました。果たして他国の言語には、「君」や「あなた」ではなく、「お前」のように上から目線で呼ぶ二人称は存在するのでしょうか。かつて暮らしていた、いまだに男尊女卑があからさまな中東の国でも、「お前」という見下した呼び方はなかったと思います。女性への敬いが必要な欧州で、夫が妻を「お前」呼ばわりすれば大問題になるでしょう。

「お前」はそもそも神仏や位の高い人に対して使われる「御前」が語源だったのが、明治以降は目下の者を指す意味になってしまったそうです。仲良しの男性の友達同士で親しみを込めて使われることもありますが、昨今では固い信頼関係の間柄だったとしても、互いに「お前」と呼び合う人はそんなにいないと思います。

時代は進化しています。かつては「お前」が愛嬌《あいきょう》で通用した時代もありましたが、何でもハラスメントになり得る現代ではそうはいきません。人々は、そこまで寛容ではないのです。

あなたも、よほど耐えられなければ、「訴えます」くらいの姿勢に出ていいと思います。今の時代、「お前」という呼び方は相手が不快だと感じた時点で人権侵害になり得ます、ということを、言葉で伝える勇気がなければメールでも手紙でもいいので、ぜひその上司に教えてあげてください。

現代、人々はそこまで寛容でないと教えてあげて

Q 上司の衣類のにおいがつらい

他人の衣類のにおいに悩まされています。上司の50代男性が隣の席で柔軟剤の「フローラルの香り」を振りまいています。毎日8時間は一緒の部屋にいるため、においをかいでいるうちに頭が痛くなってきます。同僚も同様に感じています。まさに「スメルハラスメント」ですが、本人は加齢臭を人工的な香料で抑えつけているつもりのようです。失礼でない方法で「くさいです」と伝えたいのですが……。

（32歳・女性）

A

嗅覚は人間の中でも最も融通の利かない機能のひとつではないかと思います。やっと申し分のない理想のパートナーに巡りあえたのに、ある日その人の靴下の臭いを嗅いで興ざめし、お付き合いを破棄した女性を知っています。周りは「その程度のことで、あんなエリートと別れるなんて！」と彼女を非難しましたが、苦手なにおいというのはどんなに頑張っても本能レベルで拒絶反応が出てしまうので、なすすべがありません。

あなたの上司は、本人（または彼の奥様）が「良い香り」と判断しているフローラルの香りをまとうことで周りに迷惑をかけかねない加齢臭を抑えようと、努力らしきことをしているわけですから、それを「ハラスメント」と捉えるのは気の毒な気もしますが、逆にその気遣いがネックになってしまっているということですよね。

例えば、さりげなく、あなたにとって迷惑ではない香りの柔軟剤をプレゼントしてみる、というのはどうでしょう。今、彼が身にまとっている香りが残念ながら得意じゃないということを、極力優しいトーンでソフトに伝えてみる。上司がものわかりの良い人であることを願うのみですが、それ以外なら、上司かあなたの嗜好《しこう》が突然変化するか、上司があなたのそばから離れるか、現実味の薄い可能性しか思い浮かびません。とりあえずフローラルな香りがつらいということを口にしない限り、解決には向かわなそうですね。

嗅覚は人間の中でも一番融通の利かない機能のひとつ

Q 夫がホラー映画を見てくれない

私はホラー映画が大好きです。休日には夫婦で映画鑑賞を楽しみたいのですが、夫（50）は「怖い映画を見ると夢に出るから嫌だ」と言って一緒に見てくれません。知り合ってから25年、ずっと仲良しで、価値観を共有していると感じています。それでも楽しみを共有できず、つまらないです。自分の趣味を強要するわけにもいかず、どうすればいいものかと思案に暮れています。解決策はないでしょうか。

（43歳・女性）

A

私とイタリア人の夫はいくらでもお互いに好きな歴史や文学の話ができるから、という理由で結婚しました。とはいえ、私にとって歴史も文学も自分の興味の全てではありませんし、それは夫も同じです。音楽の趣味も全然違いますし、好きな映画の種類も全く違います。食べ物の好みも合いませんから、夫婦で一緒のテーブルについても食べるものはいつもそれぞれ違います。

夫婦であっても趣味嗜好の全てが重なり合うのは、ほぼありえないのではないか、と周辺の人たちを見ていても思います。私の場合は、むしろ全てが合致しないからこそ、お互いに相いれない世界を持っているからこそ、夫をパートナーに選んだと言っていいでしょう。育った環境も人種も違うけれど、でも一緒にいると面白い。そう思えるから価値観が違ったとしても全く不快ではありません。

どんなに仲良しの夫婦であろうと親子であろうと、人間は皆それぞれの経験や環境から、独自の人間性を築きます。家族であることの安心感や満足感のために、同じ嗜好や価値観を持ってほしいと思っても、うまくはいかないものなのです。互いの差異を認め合いながらも敬いつつ共存していけるかどうか。これは家族に限らず、人間が地球上で心地よく生きていくために最も意識すべきことかもしれません。自分とはいろいろ違う側面があっても、それでも一緒に居たいと思うのが心地のいい夫婦関係なのではないでしょうか。

「自分と違っても一緒にいたい」のが心地いい夫婦関係

Q その精神的な豊かさはいったいどこから？

人生相談は、役に立つ助言や面白い回答はもちろん、質問内容も人それぞれで、感慨深く読んでいます。自分と違う考えの人を排除したり、異なる感じ方の人に不寛容な態度を取ったりせず、どんな質問にもナチュラルにひょうひょうと回答されるヤマザキさんの精神的な豊かさは、日本社会から離れて生活しておられるから身についたのでしょうか。尊敬すると同時に、うらやましくて仕方ありません。

（39歳・男性）

A

自分自身の性格を客観的に解析するのはなかなか難しいことです。むしろ私は自分という人間を欠点やゆがみだらけだと思っていますし、いつも皆さんの悩みに対して効力のある答えを返せているのかどうかもわかりません。ですが、回答者の欠点の見える答えのほうが、相談者は自力で自分に適した考えを見つける気持ちになってくれるように思うのです。ひょうひょうとしているように見えるのは、等身大以上の回答者になりたくないからでしょう。何せ私自身が普段取るに足らない悩みを抱えては、身近な人から「そんなことで！」と笑われたりもしていますから。

確かに特異な家庭環境に育ったこと、日本社会から早いうちに離れたこと、さまざまな国で暮らし、多様な社会と人間のありかたを見てきたこと、果てしない世界の広さを体感してきた経験は、かけ替えのない大きな支えになっています。人間の性質は生きている社会や宗教のバックグラウンドによって大きく変化しますから、それに対して「普通ならこうでしょう」と、いちいち自分の考え方や価値観は通用しません。世界が自分に都合の良いようにはできていないことは若い時分から十分承知済みであり、他人と自分を比較するのがことごとくナンセンスだということも、世界の広さに教えられました。そんな地球の多様性を思えば、私には人々の悩みに甲乙は付けられません。

そう見えるのは等身大以上の答えを繕おうとしていないから？

Q 「ハゲ」をプラスに考えたい

20代後半から徐々に頭髪が薄くなり、かなり「ハゲ」状態です。雨が空から降れば、周囲の誰よりも早く察知できます。みんながハゲの話題を避けてくれるのが、かえってつらいのです。かつらも不自然な感じがして踏み切れません。欧米では、ハゲは男性力が強い精悍《せいかん》なイメージと聞いたことがあります。できればハゲであることをプラスの力にしたいのですが、どう考えればよいでしょうか。

（31歳・男性）

A

そういえばいつの頃からか、イタリアではテレビでも雑誌でも植毛の宣伝をほとんど見なくなりました。私が学生時代はやたらとハゲ対策のCMを見た気がしますし、アルバイト先の髪の毛の薄いオーナーの頭が、ある日、植毛したてのブツブツだらけになっているのを見て、びっくりしたことがありました。近所の果物屋のおじさんはかぶっていたカツラがいつもズレ気味でした。髪が薄くなると本当に大変なんだなと感慨深くなっていたものです。

ところが今ではむしろ髪の薄さをうじうじ気にしていることこそ男としてダサい、という解釈になってきたのか、ハゲ気味の人はすっきりスキンヘッドのように刈り込むのが主流です。私が現在連載している「プリニウス」という漫画では、まさにハゲの男性を主要人物の一人として登場させています。敵と戦うシーンで毛髪のことなど眼中にない潔い男らしさ、かっこよさが演出される効果を狙ったからです。

そもそも周囲から余計な気を使われたり変な目で見られたりしたくないのであれば、どんな様子であろうと毅然と胸を張っているのが一番です。もしも髪の薄さで人に何かを思われていると感じるのなら、それは毛髪の量に対してではなく、あなたがモヤモヤ悩んでいることに対してでしょう。堂々としていればいいのです。ハゲを全うすると決めたら、どうか中途半端に悩んだりはせずに男前なハゲになってください。

中途半端に悩んだりせず男前なハゲに！

Q

深刻な「人生相談」面白くない

恋愛や嫁姑・親子関係、心身の病苦、お金の問題は昔から人生相談の定番中の定番ですが、新聞に掲載される相談の中には、専門のカウンセリングが必要と思われる質問もあります。また、十年一日のマンネリ質問に対し、普通の回答が載るケースもあります。妻(77)は「他人の不幸は蜜の味だから、内容が深刻なほど喜ぶ読者がいるのよ」と言います。深刻な相談は面白くないと感じる私はおかしいですか。（78歳・男性）

A

新聞などメディアで公開される人生相談は基本的に、読む人の好奇心をそそる一種のエンターテインメントです。相談を投稿する人も、質問を選ぶ企画の担当者も、そして回答者も、この場でのやりとりが不特定多数の人の目に触れ、さまざまな感慨を読者にたきつける要素を持った読み物になることは、最初から承知済みです。

テレビ番組でも、騒々しいバラエティーが面白くて楽しいと思う人もいれば、嫌う人もいます。外国の紛争の惨事を生々しく伝えるドキュメンタリーを好む人もいれば、そんな重苦しい内容のものは見たくないという人もいるでしょう。視聴者の嗜好がどうあるべきかなんて基準はそもそも存在しません。それと同じで、メディア上での人生相談の読み方が正しいか、そうでないかで悩むのは正直ナンセンスです。

あなたの今回の悩みも、「人生相談の嗜好の違いが原因で夫婦が不仲になって離婚の危機」というものであれば、それなりに多くの読者の好奇心を刺激するでしょう。でもそんな顚末にも結びつかないこの質問に対して、私がどんな回答を返し、どんなやりとりの記事として仕上がるのか、誰より楽しみにしているのは、この企画の担当者のはずです。悩みがどんなものであれ、深刻であれ、どうでもいいものであれ、面白いと感じる人がいてなんぼ。それがメディア上で公開される人生相談というものです。

面白いと感じる人がいてなんぼ。それがこの「人生相談」

Q 宗教は心の支えになるのか

心が疲れ、清いものを求めて聖書を学ぼうと教会へ行きました。すると、そこの牧師は他の宗教の悪口、信仰する人を非難するばかりです。世界のあちこちで宗教戦争は後を絶ちませんが、安らぎを得るために出かけたのに悪口を聞かされ、がっかりです。宗教家の方々は自分の信仰以外の宗教をどうみているのでしょう。寛容に認め合い、共存できないのですか。宗教は心の支えになるのでしょうか。

（51歳・女性）

A

歴史をたどれば、宗教が原因で発生した戦争や内乱は数知れません。人間は宗教という精神のよりどころを生み出したものの、やがてそれは政治力を持つようになり、教えに従わぬ者は許さぬ、という性質のものになっていきました。各宗教の教えや倫理の食い違いで勃発する戦争は、いまだに続いています。

私はイタリアで暮らすようになってから宗教は人間の生態現象のひとつとして俯瞰で見るべきだと思うようになりました。この国では割と頻繁に聖職者のスキャンダルが騒がれます。でもそんなことは何百年も昔から起きていて、それを熟知している国民はいちいち驚きもしません。繰り返される歴史から宗教について学び、特別な理想も妄想も抱いていないからです。

もちろん、人それぞれ宗教の捉え方は自由ですし、考えることに疲れたら、目に見えない神にすがりたくなるのも人間の性《さが》です。そんな具合に発生したさまざまな宗教の共存を可能にしたのは、古代ローマでした。寛容性こそ立派な人間のあり方と考えていた彼らは、征服した領地の異宗教も全て認め、自分たちの信仰対象を他者に押し付けたりはしませんでした。ただ、そんな彼らも力の衰えとともに最終的にはキリスト教に傾き、それ以降宗教が政治力を持つ時代へと転換していくのです。

とりあえず、歴史や宗教についての本をあれこれ読んでみてください。宗教の性質を把握すれば失望することもなくなると思いますよ。

宗教は人間の生態現象のひとつと俯瞰で見るべし

Q 夫が風俗行くかもと不安

40代になって最近、50代の男性とお見合い結婚しました。夫はとにかく優しく、私をとても大事にしてくれて幸せです。しかし、最近夫から、「独身の頃は会社の飲み会の後にはキャバクラや風俗に行った」「既婚者も奥さんに黙って普通に行っているよ」と聞きました。「そのようなところには行かない」と約束はしてくれましたが、将来一回は行くのではないかと毎日不安で、真剣に悩んでいます。

（40代・女性）

A

この世で自分と親しく関わっていく人、ましてやお互いの特色や個性を敬いながら付き合っているはずの夫や恋人が、自分とは共有できない価値観や物の考え方をしていると分かると、なんとも許しがたい気持ちになるのは誰にでもあることでしょう。でも、ここで深呼吸をして冷静になって考えてみましょう。

ご主人は自分が何をしたら妻であるあなたが傷つくのかを理解し、あなたの前では風俗には行かないと約束をしてくれました。しかしあなたは、ご主人の過去や言葉を根拠に妄想を膨らませて不安に陥っている。では約束を口にする以外にご主人が何をしたら、あなたは安心できるのでしょう。弁護士に誓約書でも作ってもらいますか？　または一日中ご主人を見張り続けますか？　もし約束違反が分かった時、ご主人と別れるのですか？

あなたがご主人にとって唯一無二の存在でありたいのは分かります。実際、彼にとってもそうなのでしょう。ただ、ご主人にとっての唯一無二と、あなたにとっての唯一無二が同じであるとは限らないのです。

お互いを分かり合うには、どんなに面倒でも話し合うしかないと思います。あなたはなぜご主人が風俗に行くのが嫌なのか、理由をはっきりと理解して伝えるべきですし、同じようにご主人からの見解もあなたが納得いくまで聞くしかありません。まだ何も起きていないのに、妄想ばかり膨らませて悩むのはやめましょう。

約束以外に何をしたらあなたは安心できるのか？

Q 笑顔に違和感覚える

子供の頃から笑顔が苦手です。他人の笑顔にも違和感を覚えたり、引いてしまったりします。仕事でもよく「無愛想だ」とお叱りを受けますが、笑顔がないことでそれ以外が全てダメだと判断されるのも納得がいきません。

（40歳・女性）

A

なぜ人々は笑顔を奨励するのか、私もそれを不思議に思った時期がありました。確かに、ただでさえ世知辛さであふれているこの世の中で、人には無表情よりも、楽しく幸せそうな笑顔を求めたくなる心理は分かります。海水浴に行くのなら汚染された海より、美しく透明な海を誰でも選ぶのと同じことかもしれません。かといって無理に作った笑顔ほど見苦しいものはないと私は思っています。

私の暮らすイタリアは誰でも皆笑顔の国という印象がありますが、大きな間違いです。むしろふてぶてしい、無愛想な人の方が多いくらいじゃないでしょうか。私の大家さんも親戚のおじさんも、久々に会ってもニコリともしません。でもそれは感情と表情がつながっていないだけの話であり、見ていれば彼らが内心では喜んでいるのが分かります。当然イタリアでも笑顔は推奨されますし、無愛想な人は不人気です。でも実は無愛想な人にもそれなりの信用や信頼が置かれるのは、彼らが心を偽っていないからでしょう。

あなたが笑顔を見るのも見せるのも苦手なことに私は好感を覚えます。生活手段として笑顔でいる必要がある仕事なら別ですが、そうでなければありのままでいいのではないでしょうか。もちろん人間関係に良い心地だけを求める人には悪印象を与えるでしょう。でも、あなたのそばにも友人や家族がいるのなら、彼らは心を偽らないあなたの真の理解者なのだと私は思います。

無理に作った笑顔ほど見苦しいものはない

Q 母や弟を今も許せない

実家が嫌いでした。弟は両親に甘やかされ、一時フリーター生活に。弟と父が衝突しても、母はおろおろするだけでした。昨年父が他界し、70代の母は一人暮らしになりました。長女の私は父の死後の諸手続きをし、約1時間半かけて母の様子を見に行き、毎晩電話をしています。母や弟には感謝されますが、今も許すことができません。おかしいでしょうか。

（53歳・女性）

A

家族とは血縁ではあっても個々の性格を備えた人間たちの集合組織です。家族はそれぞれの社会環境で自分たちなりの人格をかたどっていくわけですから、年数がたてば話や意見や考えが合わなくなるのは当たり前。家族はいつも自分の味方についてくれる絶対的な絆、というのは人間が長きにわたる歴史上の経験を踏まえ、子孫繁栄のために必要に応じて作り出した理念だと私は捉えています。

もしあなたがご自分の立場をそれほど不条理だと思うのなら、弟さんに「もう無理だ」と伝えて、お母様の面倒などいっそやめてしまえばいいのです。嫌なことを続ければあなたの精神が病んでしまいかねません。でも、いくらなんでもそれは無理、と感じるのであれば、あとはもう開き直って細かいことを考えず、過去に対する見返りなど求めず、献身的にお母様を助けてあげるしかありません。

それでもどうしても許せないという毒素を抱え続けてしまうようなら、もう、はっきりご自分の感じている不平等を伝えればいいのです。ただ、あなたに感謝をしているお母様と弟さんに鬱憤をぶつけたところで、あなたがスッキリするかどうかは私にはわかりません。

家族というものに救いや理想を求め過ぎず、それを踏まえた上で、お母様の面倒を見つつも何か他にあなたが楽しくなれることを探してみてはいかがでしょうか。

「家族は味方」は子孫繁栄のために作られた理念

Q

娘の婚約相手に不安

私の娘には結婚を前提に交際している男性がいて、現在同棲《どうせい》しています。彼はバツイチで元ホスト。今はまじめに工場で働いていますが、本当に結婚して大丈夫か心配です。離婚は奥さんの浮気が原因と聞いていますが、やはり彼にも原因があったはず、などといろいろ考えてしまいます。娘は結婚したいようです。

（51歳・男性）

A

イタリアに留学中、私が11年間同棲をしていた相手は無収入の詩人でした。お互いお金もなく、家では毎日けんかばかりでしたが、それでも私たちはお互いの感性を敬い、別れることはありませんでした。

時々イタリアへ訪ねてくる母は、けんかがうるさいと言って私の家には1泊しかせず、あとは別の地域に暮らす友人の家へ行ってしまいます。ある時その友人が母に、自分の娘が経済力もない彼氏と付き合うことをどう思っているのかと聞いてみたそうです。母は「もちろん反対だし、娘が苦しんでいる姿を見るのもつらい。でも本人が一緒にいたいのなら、私が口を挟むことではない」と答えたと聞いて、感慨深くなりました。

父親として感じていることを、娘さんに正直に伝えるのは間違っていないと思います。本人には相手との距離が近過ぎて見えない側面もあるからです。でも今は余計な思惑にとらわれず、とにかく娘さんを見守ってあげることが先決だと思います。遠くから親に見守られることほど心強いことはありません。そして、いざ娘さんが本当につらくなったりピンチになったりした時には、手を差し伸べてあげればいいのだと思います。

私も28歳の時に未婚の出産を機に詩人と別れ日本に戻りましたが、そんな私を温かく迎え入れてくれた母には今でも感謝しています。

今は娘さんを見守ってあげるのが先決

Q 「娘の結婚、不安」が的中！

以前、娘の婚約相手についてヤマザキさんにご意見賜りました。娘は元ホストでバツイチの彼と昨年12月に結婚したのですが、4月半ばに不満と不安に耐えられず、実家に帰ってきました。びっくりするような話を打ち明け、離婚を望んでいます。親としても離婚させてあげたいと思っていますが、夫や夫の親は「戻ってきてほしい」と言っています。

（52歳・男性）

A

前回の相談での懸念通りの結末となってしまったわけですね。またしても私事ですが、最終的に11年間付き合った詩人の彼氏とは結婚もせぬまま子供が生まれ、それを機にこの人との別離を決意しましたが、周りからは「普通子供が生まれたら結婚をすべきだ」「父親のいない子供はかわいそうだから離別は我慢すべきだ」

などと自分の決断を揺さぶる意見を言われ、どうしたものかと迷いました。とにかく、世間のルールに反しようと、人がどう思おうと、私にはもう彼と一緒にいて幸せになれる自信がありませんでした。

前回の回答でもお伝えしたように、母は私と詩人との付き合いに反対でしたが「あなたの決めたことだから」と干渉はしませんでした。別れる決意を告げた時も「じゃあそうしなさい」とすんなり私の気持ちを受け入れてくれました。周りから子供のために一緒にいるべきだと言われたことを明かすと「あなたは周りの人のために生きているわけじゃない。自分の人生でしょう」という答え。とても心強かったのを覚えています。

精神をボロボロにしてまで一緒にいたくない人と結婚生活を続けねばならないルールなどありません。今は存分に娘さんの味方になってあげてください。娘さんの人生は娘さんのもの、相手のご両親を満足させるためにあるわけではないのですから。

娘さんの人生は娘さんのもの。味方になってあげて

6

今日もやっぱり五里霧中

もし一年を通して太陽の日と雲の日とを数えてみれば、
晴れた日の方が多かったということが分かるだろう。

――オウィディウス『悲しみの歌』

Q 「学校に行け！」への反論、今じゃ遅すぎる？

不登校だった中学時代、親戚のおばさんに言われました。「あなたに芸術の才能か商売の才覚があるの？　ないなら学校へ行くしかないじゃないの！」。その後、欧州留学を経て今ではフリーランスで生活しています。あの頃、無理やり学校へ行かせようとした人たちに、説得力のある言葉で反論できなかったことを悔しく思います。当時の気持ちをおばさんに伝えたいのですが、もう遅いでしょうか。

（40代・女性）

A

これだけ時間がたっても、おばさんに言われた言葉が消化できていないのは、かなりのストレスになっているということでしょう。すっきりしたいのであれば、納得させられるかどうかは別として、抱え続けてきた思いを打ち明けるのも一策です。

ですが、あなたは欧州の学校を出て今ではフリーランスとなり、おばさんが感じていた将来への懸念も覆しました。あなたは周りからしてみれば既に立派な生き方を持ったひとりの人間です。なのに今更「あの時のことだけど」と蒸し返したところで、彼女にしてみれば何のことだかさっぱりわからないかもしれません。

他の人とは少し違う生き方を選びたいと思ったら、周りを説得しようとか、理解してもらおう、賛同してもらおうという考えはすっぱり破棄しなければなりません。足並みをそろえられない自分に対して、励ましや応援が欲しくなる気持ちはわかります。でも敷かれたレールから逸れようとする人間が心配されるのは当然であり、だいたい学校に行かなくていいという考え方に「その通りだ」なんて同意してくれる人などめったにいません。それでもわが道を行く決意が固まっていれば、どんな反論とも向き合える、気持ちのゆとりも自然と発生するものです。

せっかくですから、この際おばさんを責めることばかり考えず、あなたもかつての彼女の心配を受け止めてあげてもいいかもしれません。

他と少し違う生き方を選ぶなら理解・賛同はすっぱり破棄

Q 「教師の職から逃げた」私に後悔

昨春まで教師をしていました。授業、クラス担任、部活動でストレスを抱え込んで発散できず、摂食障害に苦しみながら働きました。結婚と同時に退職して子供も生まれ、今は幸せです。が、ふとした瞬間にクラスの生徒たちの顔が浮かび、なぜ私は逃げたんだろう、私はダメだと落ち込みます。後悔が消えません。諦めずにやりきることの大切さを子供に教えてやれない気がしてしまいます。

（37歳・女性）

A

確かにどんなにつらくても諦めずに続けてきた実績と達成感は自分にとってこの上ない誇りになるでしょうし、社会的にも好印象を与えます。しかし、ストレスや限界を感じている仕事を無理やり続けるのが、果たして本当に「大切」なのでしょうか？

この世には頑張れる人間を目指したために壊れてしまった人がたくさんいます。どんなにストレスがたまっても、それを意志の力で塞《ふさ》いでしまうことで、自分を苦しめてしまう場合もあるのです。安直に諦めるのは私も良いことだとは思いません。ただ、どうしてももうダメだ、限界だ、と感じてしまった場合にそれをやめるのが悪いことだとは思えないのです。耐えられないという自分に鞭《むち》を打ったところで、忍耐という誇りは得られても、代わりに失ってしまうものもあるはずです。つらいともがいているもうひとりの自分の声には耳を貸すべきです。例えばそれを「逃げ」ではなく「解放」と捉えるのはどうでしょう。

人というのはつらさを積極的に忘れるようにできています。私もそうです。だから、あなたは教師をしていた時の充足感ばかりが思い出されて、辞めてしまったことへの思いにさいなまれていると思うのですが、ならば、また子育てが一段落してから復帰してみてもいいのではないでしょうか。自分を忍耐から解放させた経験が生かされ、さまざまな悩みを抱えた生徒たちにとっても心強い存在になるかもしれません。

「逃げ」ではなく「解放」と捉えるのはどう？

Q

50歳目前なのに結婚できず

50歳を目の前にして結婚できず悩んでいます。婚活パーティーや結婚相談所などに行きましたが結婚には至らず。趣味仲間には女友達が多く、たまにお付き合いもしますが、振られて終わったり、相手が嫌になってこちらからお断りしたりを繰り返しています。若い頃は少しはモテていたので「あの頃、あの子に決めておけばよかったかな」と、今ごろ後悔しています。婚期を逃してしまったのでしょうか。

（48歳・男性）

A

婚期というのが一体何歳頃を指しているのか気になって調べてみたところ、日本では男性がおよそ31歳、女性が29歳ぐらい、というのが最近の平均的な初婚年齢になっているようです。しかし、この年齢も時代や社会環境によって、どんどん変化するものだということを念頭に置きましょう。

1920（大正9）年に実施された第1回の国勢調査によると、男性の平均初婚年齢は25歳、女性は21歳。また、この頃は50歳まで一度も結婚したことがない「生涯未婚率」も大変低かったようです。今のように時間をかけて理想の結婚相手を探したり、結婚より仕事を優先したり、独身を貫いたり――という人は、ほとんどいなかったのでしょう。人として生まれてきたら結婚は必然的義務と考えて相手を決めていた。つまり、現代とはまったく状況が違っていたのです。

あなたがもし「理想の相手と、すてきな生活を築くことこそが結婚だ」と考えているのであれば、自分が何歳であるとか、婚期だとか世間の基準を意識すべきではありません。逆に、社会的体裁や老後を踏まえて伴侶を見つけたいのであれば、かつての日本人のように割り切って、結婚に対して理想や妄想を抱かずに相手を見つけるべきだと思います。

とりあえず、何十年も前の過去を思い出して後悔するのは精神衛生上良くありません。すっぱり忘れましょう。

とりあえず、何十年も前の過去はすっぱり忘れよう

Q 両親に優しくできなかった自分が嫌い

父は認知症で老人ホームに、母は介護老人保健施設に入所しており、私は現在、1人暮らしです。一緒に住んでいた頃、ひどい態度や口調で両親に接していたことを今になって後悔しています。2人とも、もう忘れているとは思いますが、私は当時を思い出してはつらくなり、両親に優しくできなかった自分が嫌いになっています。どうすればよいでしょうか。

（53歳・女性）

A

高齢化が進む現代の日本において、あなたのような気持ちに陥る人は決して少なくないと思います。家族のありがたみは、そう毎日実感できるものではありません。やむを得ない別離が発生したときに家族への愛情を痛感させられるのは、ごく当たり前の現象だと思います。私も若いころから母には随分横柄な態度を取ってきましたが、高齢でしかも病気を患ってしまった今になって「もっと優しくしてあげればよかった」と自分を責めることがあります。

私は自分の子供に対しても、同じようなことを感じたことがありました。まだ幼かった彼を激しく叱った過去を今ごろになって思い出して後悔するのです。人間というのは、離れ離れにならないとお互いの大切さに気がつけない仕組みになっているのでしょう。

ですが、自責の念にさいなまれている本人ほど、実は相手は傷付いていなかったりするのも常です。かつて子供から「冷たくしてごめん」と謝られたことがありますが、私にはまったく冷たくされた自覚がありませんでした。

ご両親がいるうちは、これからだって遅くはありません。限られた時間かもしれませんが、めいっぱい親切に接してあげればいいと思います。あなたが自分自身を責めたり嫌いになったりしないことこそ、ご両親に対する最大の愛情表現であることは間違いありません。

人間は離れないと互いの大切さに気づけない仕組み

Q 本好きな私に戻りたい

子供の頃は本好きでしたが、今はテレビばかり見ているせいか、昔ほど本が読めなくなりました。集中力がなく、本を最後まで読む気になれません。軽い乱視のせいもあると思います。眼科で診察を受けたところ、「眼鏡を作るほどではない」と言われました。知見を広めるために、いろんな本を読みたいのです。どうしたら昔のような本好きに戻れるのでしょうか？

（46歳・女性）

A

確かに視力が低下すると、文庫のような小さな書籍の文字を読むのはしんどくなります。かくいう私も40代まで2・0を誇った視力が0・7まで低下、老眼まで加わり、正直、紙媒体の文字を読むのは一苦労です。本を読むだけでなく、漫画を描く作業さえ厳しくなった頃、息子に勧められて電子タブレットを使うようになりました。これだと画像を好き放題に拡大できるからです。ついでにこのタブレットで電子書籍を読んでみたら、あの細かい文字を追う苦労がうそのように解消しました。電子書籍で読めないものは、面倒ですが、読書用レンズで拡大しながら読んでいます。

書籍は最良のメンタル栄養素です。文字を読むのが苦手という人がいますが、読書に没頭できるかは、意気込みと努力次第だと思います。読書は想像力をフルに起動させなければ楽しめません。一度読むのを怠ると、脳が怠けたがってしまい読書モードにスイッチが入らなくなりますし、そんな時は本を開いても何が書いてあるのかさっぱり頭に入ってこなかったりします。

読書の楽しみを復活させたいのなら、例えば一歩中に入れば本を読むしかない空気に満たされている図書館に行ってみるのはどうでしょう。または携帯電話を家に置いて、本だけ持って静かな公園や、喫茶店に行ってみてはどうでしょう。気を散らすものを排除し、手元には本しかない、という状況を極力作ってみるのも効き目がありそうです。

読書に没頭できるかは意気込みと努力次第

Q リクルートスーツの学生を見るのがつらい

来春卒業予定の大学院生です。教師になりたくて進学しましたが早々に挫折し、「こんな長時間労働は無理だ」と思いながら実習や卒業研究をこなしました。本来は就活や試験勉強をしなければいけない時期なのですが、手につきません。街でリクルートスーツの学生を見るたび、胃がキリキリしてきて涙が出そうになり、途方に暮れています。将来のことをどのように考え、受け止めていくべきでしょうか。（23歳・女性）

A

とりあえず、自分と周りの人の生き方を比較するのをやめましょう。本来、人の生き方は、それぞれの個性や育った環境によって違って当たり前。自分の年齢なら普通はこうあるべきだ、というセルフ圧力をまずは解くべきです。あなたは今、まさに自分にとって適した生き方を模索中であり、この経験もあなたに必要な栄養素になっているのです。自分という人間の生かし方を考えることは、全く間違ったことではありません。

どうしても周りが気になるというのであれば、いっそ何か仕事をしてみるのも一案です。試してダメなら諦めればいい。今の時点で決めることが自分の人生の全て、と思うから、切羽詰まってしまうのでしょう。

アメリカなどでは転職経験が無い人は、経験値も低いから即戦力にならず、多様な環境への適応能力が欠けていると逆に思われてしまいます。終身雇用は個人にとっても企業にとっても、風通しを悪くし成長の妨げになると捉えているからです。

私が漫画家になったのは30歳近くになってからですが、試しにやってみたら好き嫌いという問題以前に「これなら続けられる」と感じ、今に至っています。それまでいろんな仕事をしてきました。でもその経験が無かったら、本当に自分に合うと思う仕事にもたどり着けなかったでしょう。

焦らず、比べず。自分だけの長い人生、方向転換はいくらでもあり、です。

あなたは今、自分に適した生き方を模索中

Q キレる夫をどうしたらいい？

夫はイライラすると家族を怒鳴ります。私と子供は不安と不愉快な気持ちになりますが、興奮している本人を制すると火に油を注いでしまうため、キレた時は嵐が通り過ぎるのを待つしかない状況です。暴力はふるいません。時々、若い店員やお年寄りなど見知らぬ他人にもキレて怒鳴るので心配です。冷静になった時に話を聞き、私なりに心を傾けてはいますが、彼の変化はありません。

（40歳・女性）

A

怒鳴る、という行為はとても動物的です。犬や猫のような身近な生き物も、相手よりも自分の立場が優位だと示したい場合に威圧的な声を発しますが、基本的にはそれと同じことです。つまりご主人は怒鳴ることで、精神的な不安定さや弱さを調整しているのだと思います。怒鳴り声は、自分の中の何かがうまく作動していないことを示す警戒音とも言えるでしょう。

米アップルの創設者であるスティーブ・ジョブズは、その人生のほとんどで他者に、ののしりと怒鳴り声を浴びせてきたような人でした。会社ではジョブズののしりに耐えた社員に対する賞まで設けられていたほどです。周囲は、そんなジョブズに人格を変えてもらいたい、などという理想や妄想を抱くのは諦めていました。この人はそうしていないと前に進めないのだと受け止めていたのです。耐えられない人はもちろん離れていきますが、それでもジョブズの生み出す斬新なアイデアや理論を敬う人たちは、彼の怒鳴り声やののしりにいちいち刺激を受けたり翻弄《ほんろう》されたりしないよう、メンタリティーを鍛えていたのです。

大人になってしまった人間の本質的な性格は簡単には変わりません。選択肢は耐えるか諦観かのどちらかです。私の夫も気持ちが高ぶると声を荒らげますが、頼むから静かにしてくれと制すると我に返って冷静になります。言葉の効力もなきにしもあらず、です。

性格は簡単に変わらない。選択肢は耐えるか、諦観か

Q 大学3年生。将来が決められない

あっという間に大学3年生になってしまいました。高校生の頃から将来について深く考えてはおらず、大学生になっても結局、自分がどうしたいのか決めきれないまま、何となく日々を過ごしています。何かしようと思ってもおっくうになり「また今度」と思うことの繰り返し。このままで就活ができるのか、こんな自分が嫌になります。変われるきっかけがほしいのですが。

（21歳・男性）

A 人の成長には個人差があります。すべての人が皆、若いうちは熱心に勉強にいそしみ、したい仕事が明確に分かり、納得のいく就職を決め、その後安泰に何十年も過ごすことができるわけではありません。今の日本ではなりゆきで大学へ進学する人も少なくありませんが、大学というのはそもそも学術を習得する教育機関です。

　欧米では勉強に対する強い意欲のない人は、大学に入ってもあっという間にドロップアウトする仕組みになっています。むしろ、そういった挫折を体験できたほうが、人は自分が本当は何がしたいのか、しっかり考えられるはずなのですが、日本では断念や失敗という機会すら簡単に与えられません。

　就職が嫌なら、無理にしなくてもいいではありませんか。または気乗りしないけど、できそうな仕事を試してみる、という手もあります。嫌ならやめればいいんです。人生はこの後まだ何十年もあるのですから、たった21歳で自分の生き方を決定してしまわないでください。たぶんそれが、あなたの無気力や日々のつまらなさを促進する要因になっていると思います。

　自分を好きになりたいのなら、たとえば一人旅のように、自分とだけしか向き合えない場を作るのも手段です。とにかく、やりたくないことを無理やりやるほど、あなた自身にとって、そして社会にとっても非効率的なことはない。それだけは確かです。

たった21歳で自分の生き方を決定してしまわないで

Q 子供の頃から死に恐怖

子供の頃からずっと、死に恐怖を抱いてきました。大人になり親や職場の同僚など身近な人が亡くなることを経験した今も、自分が死ぬのが怖くて仕方ありません。普段は考えないようにして暮らしていますが、夜寝る時などにふと、自分の存在が消えてなくなる、もう子供に会えなくなる……などと考え始めると、胸が苦しくなり眠れなくなります。いい年をして情けないです。

(51歳・女性)

A

昔の人は今よりも「死」を意識して生きていたと思います。年を取って歯が抜ければ、ご飯が食べられなくなり衰弱する。ほかの生き物と同様、自らに迫る死を予知し、自然に受け入れていたと思うのです。しかし今では医療も進歩して、人はなるべく長生きをしようとする。不摂生を避け食生活に気を使い、元気なお年寄りの活躍をメディアで見て「死は避けるべきことで長生きこそ美徳」と思い込まされて私たちは生きています。

なぜ生きることばかりが称賛されるのでしょうか。私はつらい感情と向き合う時、疲れている自分に「頑張れ」と気合を入れて奮起する時、生きるということはなんて過酷でつらいことかと感じることがあります。あなたが死に対して底知れぬ恐怖感を抱くのも、生きるつらさのひとつだと思います。生きることは良いこと、死ぬことは悪いこと、という固定観念が、死を受け入れ難いものにしてしまっている。私たちは想像力や妄想で人生を楽しいことと脚色するのは得意なのに、死に対しての配慮はおざなり過ぎると思います。

私の場合は、文学でも絵でも映画でも、もうこの世にいない人が残した作品と接していると、生きている人と会っているより楽しかったり癒やされたりすることがあります。当然のことですが今まで生きてきた人は、皆死を受け入れてきたのです。古代の遺跡でもお墓でもいいのです。死者と接する機会を積極的に設けてみることも、死という恐怖から解放されるひとつの手段だと思います。

私たちは死に対しての配慮がおざなり過ぎる

Q 将来に希望を持てない

将来の自分にぼんやりと絶望しています。公務員試験の結果待ちですが、きっと落ちていますし、受かってもさしてうれしくないです。大学受験に失敗した時から確信しましたが、並の人間だと身に染みてわかったからだと思います。公務員になっても、未来について考えられません。親にも迷惑はかけたくありません。劣等感とプライドを捨て、自分を愛して前に進むにはどうしたらよいですか。

（21歳・男性）

A

私はかつてシリアという国に暮らしていました。ここは現在37万人もの犠牲者を出す内戦が続いていて、何人かの友人とはいまだに連絡がつきません。できれば無事であってほしいと願うのが精一杯で、正直その人がどんな社会的立場で、どんな学歴だったかなんてどうでもいい。人間は究極の状況に置かれないと、生き方に細かい注文を付けることの無意味さに気が付けないのです。

日々頑張って生きている。それだけで自分という存在を尊ぶ十分な理由になるのに、人はなぜ自分の存在に理由付けをしたがるのでしょう。生まれてきたからには、何かを成し遂げなければならない、成功して親を喜ばせたい……。地球上の人間以外の生き物は、命を授かったことに条件など課さず、毅然と生を全うしています。しかし人間ばかりが自分は並だとか、優れているとか、劣っているといった評価により、授かった命の価値を決めようとする。おかしなことです。

でも、あなたが今感じている自分への漠然とした絶望は人間にとって必要不可欠な要素です。全てが思い通りで浮かれて生きていると、いざという時に太刀打ちができなくなる。苦悩と向き合い、乗り越えてこそ精神は鍛えられ、多少のことではくじけなくなる方が健全です。絶望を抜群の栄養素にしてしまいましょう。

今の価値観を振りほどくひとつの手段として、例えばひとり旅をしてみたらどうでしょうか。自分が思っているより頼りがいのある存在だと気がつきますよ。

絶望を抜群の栄養素に

Q 将来就きたい仕事がない

将来就きたい仕事がないことに悩んでいます。海外経験があり、得意な英語を生かした仕事に就きたいと思い、今は英語の先生を考えています。しかし、教えられるか不安ですし、授業やテストの準備も大変そうで、ネガティブに考えてしまいます。ネイリストもいいなと思いましたが、生活していけるのかと考えてしまいます。春に私は高校3年生になります。今さら悩んでいるのはおかしいのでしょうか。（17歳・女性）

A

将来をどのタイミングでどう考えるかは、個人の自由だと思います。高校3年生であれば学業を続けるか就職を選ぶかの過渡期ですが、今ここで選んだ仕事を、あなたが将来いつまでも続けていけるか保証は正直どこにもありません。

英語の教師としてしっかり生徒に教えられるのかどうかという不安も、「失敗したくない」という意識が生み出しているものだと思います。あなたは今この時点で、できるだけ合理的な選択をしようと悩んでいます。ただ、頭の中であれこれ考えているだけでは、真の答えなど出てこないのです。それに、何かを選んだから「それ以外のことは諦めろ」という規定もありません。

私は今までにあらゆる種類の仕事をしてきました。いろいろやってみないと自分という人間のキャパシティーがわからないし、本当の自信も身についてくれないと感じたからです。お金にならず食べられない期間も長く続き、仕方なく興味のない仕事で日銭を稼いだこともありました。失敗もてんこ盛りです。最終的に30代直前でそれほど好きでもないのにやり始めた漫画が、思いがけず自分のメインの仕事となりました。そして、今までやってきた数々の仕事や失敗の経験が、今も漫画の仕事に大いに役立っています。若いうちはたくさん悩んで当然。でも、答えのほとんどは実践の中にあるのです。何より、どんな仕事も最終的には生きる自信と糧にはなるのだと思えば、気が楽になりませんか？

若いうちは悩んで当然。答えのほとんどは実践の中にある

Q 何もせず一日が過ぎる

自分が何になりたいのか、何を欲しているのか、全くわかりません。今年から社会人になり、仕事を頑張っていこうという気はあります。ただ、行動を起こせません。今は新型コロナウイルスの影響で自宅にいるのですが、勉強も何もせず一日が過ぎてしまいます。厳しい言葉でもいいのでアドバイスをお願いします。

（22歳・男性）

A

今回の自粛期間、無気力に見舞われてつらいという人は世界にあふれかえっています。この現象もパンデミックの副作用と理解していいと思います。かくいう私も仕事がてんこ盛りであるにもかかわらずモチベーションがさっぱり上がらず、感染症問題について考え始めると他のことが手につかなくなり、非生産的な自分にいら立ちが募るばかりです。でも、こんな精神状態も自然なものなのかもしれません。

正直、やる気というのは無理やり絞り出しても長続きするものではありません。自分を追い詰めると生きるのがつらくなってくるだけです。あなたは今の自分の立場を客観的に心配できている分、社会性を保ち続けていると言えますから、自分が役に立っていないと焦ることはありません。この際思い切り怠けるのもありかと思いますが、何かを生産していないとストレスがたまるのであれば、例えば無意味なことを熱心にやってみるといいかと思います。１０００ピースのパズルとか、けん玉を極めるとか、難しい料理とか。

ちなみに私は去年飼っていたカブトムシが残した幼虫53匹のため、土の入れ替えを丸一日かけて行いました。終えた後は極上の達成感に満たされ、気分爽快でした。幼虫も気持ちがいいし、私も気持ちがいい。

とにかくこんな状態はいつまでも続くわけではありませんから、自分を責めないように。

例えば無意味なことを熱心にやってみるといい

Q 就職活動、むなしく感じる

就職活動中ですが、受かるかどうかも向いているかもわからないもののために、なぜ頑張らなければならないのか、むなしくなります。私がいなくても世の中は回っていくと思うと、生きている価値すらわからなくなります。こんな私が社会で活躍し、満足いく人生を送るためにはどうすればいいでしょうか。

（22歳・女性）

A

私が22歳の頃もあなたと同じような葛藤を抱えて過ごしていたのを思い出しました。画家を目指して留学をしたのにいつまでも結果は出せず、学校も卒業できていない上、いつも貧乏で、ガス水道電気は使えず、食べることもままならない。いよいよ餓死の危機を感じた時、私は自分のできそうな仕事を何でもやりました。自分の存在意義だの、生まれてきた価値だの、活躍できるかどうかだの、そんなことは全く意味のないものとなり、とにかく自分の生命を維持するために必死でした。漫画も、子供を育てるためにたくさん手掛けた仕事のうちの一つで、別にやってみたかった職業というわけではありません。だけど、今までの仕事の中で、一番長く続けられています。何事もやってみるまではわからないのです。

もしすぐに就職がかなわなかったとしても、それはさまざまな事を経験するチャンスが訪れた、ということです。自分の志願した職業につけなかったとしても、その経験が無駄になることはありません。何事も、掛け替えのない経験として役に立つ時がくるのです。

自分が生まれてきたことに、何か特別な意味を見いださなければと思うのは、人間という生き物の悪い癖です。他の動物はそんなこと一切考えていません。理想の抱き過ぎは自分を窒息させてしまうことになりますから、もっと気楽に人生を捉えてください。

何事も、掛け替えのない経験として役立つ時がくる

Q

夢の場所、格差にモヤモヤ

田舎出身で、頑張れば頑張るだけ上のステップに進めると信じ、東京都内の大学に進学しました。しかし、東京には恵まれた環境が当たり前の人たちがいて、田舎出身者にとっては努力して手に入れた夢の場所が、都会出身者には通過点でしかないと気付きました。育ってきた環境の格差を感じ、会話してもそもそもの前提が違う気がしてモヤモヤします。

（18歳・女性）

A

まず何より東京を夢の場所とする思い込みがあなたのモヤモヤの根源だと思います。

何に対してもそうですが、夢や理想というのは実際自分の思い描いていた通りではないと分かった時、失望というダメージを与える危うさも兼ねていることを常にお忘れなく。それと、努力や頑張りには果報がある、という安直な公式も場合によっては全く意味をなしませんので、それもどうぞお忘れなく。とりあえずはあなたのその東京に対する妄想や価値観を変える必要がありそうです。東京は、ニューヨークやロンドンなどと同様、情報や経済などのエネルギーの代謝を常に保ち続けていかなければ生きていけない、特殊なルールを持った都市であると解釈することです。

私も毎回、何世紀も時間が止まっているかのようなイタリアの街から東京に戻る度に、この都市のスピード感や情報量に圧倒され、うんざりすることもあります。それに、東京が恵まれた環境の都市だと思ったことはありません。さまざまな地方と東京を比較すること自体ナンセンスだと感じます。

東京という都市の性質や個性を知る積極性も、ここで生きていくあなたには必要なことでしょう。と同時に、地方には地方にしかない美徳がたくさんあることもお忘れなく。田舎を知っている分だけあなたは視野が広い。ひるまず堂々と東京で活躍してください。

東京は夢の場所？ その思い込みがモヤモヤの根源

7
その一歩が踏み出せない

われわれだれも、何でもできるわけではない。

——ウェルギリウス『牧歌』

Q 転職がうまくいかない30歳の息子

30歳になる一人息子の転職が決まらず、どのように接すればよいか悩んでいます。息子は専門学校を卒業して自動車整備工として3年、玩具卸会社の営業で4年、働きました。薄給のため転職を決心して退職しましたが、現在は週3回の掃除アルバイト。親からの月10万円と米の仕送りで生活しており、諦めムードが感じられます。親がいつまでも援助できるわけでもなく、自立してもらわないと困ります。（60代・女性）

A

息子さんが一日も早く自立してくれるのなら、確かにそれに越したことはありませんが、残念ながら今の世の中は、本人がどんなに努力しようと頑張ろうと、それに値する経済的結果がもたらされる社会構造にはなっていません。ましてや、条件の良い仕事をえり好みできるような悠長な時代ではありませんから、そこはしっかりと現実と向き合う必要があるでしょう。

息子さんにとって自分の抱えている問題が家族の苦痛になっているという自覚も、やる気を起こさせるどころか、苦痛を無駄に増やすだけだと思います。親を苦しませる目的で自立していないのでないなら、今はむしろ息子さんには、なるべく励みになる言葉をかけてあげるべきかもしれません。そもそも苦境や困難に挑むための良質のエネルギーは、家族中で悩んだり悔やんだりという負の環境からは育まれないものです。

私もかつて留学先のイタリアで仕事もお金も食べるものも家もないという状況におかれたことがありますが、野垂れ死にはしませんでした。仕送りが途絶える可能性は隠す必要はありませんし、できないときはしなくてもいいと思います。実際、今までにいろいろな職業を経験してきた息子さんです。まずはお母さんが悲観的な気持ちにとらわれず、人生はいろいろあるけどなんとかなる、と思うようにしてみてください。息子さんが前向きになれるとしたら、まずはそこからだと思います。

困難に挑むエネルギーは負の環境からは育まれない

Q やっと正規職員になれたけど…

1年間就職活動をして今年6月、やっと正規職員になれました。しかし、今の仕事は特にやりたかったわけではなく、30社近く落ちた後に決まったものです。フリーター時代のほうが収入も良く、楽しかったです。正規職員でいるメリットは将来の安定だけのような気がしています。でも、会社を辞めたらまた就活かと思うと……。どうかアドバイスをください。

（30歳・男性）

A

人によって仕事の選び方はそれぞれです。社会的な体裁が優先だと考える人はそうした選択をするでしょうし、やりがいのある仕事であれば経済的保証はなくても構わない、という人もいるでしょう。終身雇用が就労の成功例と捉える人もいれば、このご時世、将来何があるかわからない。ならばたくさんの職種を経験し、臨機応変にあらゆる仕事ができる人になりたい、と思う人もいるはずです。

　私は音楽家という将来の安定など全く保証されない職を持った親に育てられたので、どこかの会社の正規職員になりたいと思ったり考えたりしたことは一度もありません。しかし、社会は将来の安定への道をそれようとする人に圧力をかける風潮があります。中学生の頃、絵の道に進みたいと進路指導の教師に相談したら「飢え死にしたくないのなら美術の先生になるしかないな」という答えが返ってきました。私はその助言を無視し、ちり紙交換からテレビのリポーターまでさまざまな仕事を経験してきましたが、分かったことは、人はいざとなったらあれこれできるという自信が付くと、それだけでかなり安心する、ということでした。

　もし、私が正規雇用された仕事に充足感ややりがいを感じられず、日々陰鬱な気持ちに縛られるようなら方向転換をするでしょう。お金の保証よりメンタルの保護、と感じるのであれば、正規雇用にとらわれず、別の仕事を選ぶことを検討してみていいと思います。

「いざとなればあれこれできる」自信は安心につながる

Q おしゃべりが苦手で積極的になれない

若い頃からたわいもないおしゃべりが苦手な主婦です。学生時代にサークルの男性の先輩から「おとなしくて暗い君がいると盛り上がらない」と言われたことがずっと心に引っかかっています。子供に手がかからなくなったので外へ出て何か始めたいのですが、また傷つくのが怖くて積極的になれません。パート、ボランティア、習い事。どれも無理な気がします。どうしたら自分に自信が持てますか。

（51歳・女性）

A

日本では「ヤマザキさんはよくしゃべる」と言われる私ですが、イタリアへ戻ると家族から「あんたはおとなしすぎる」と指摘されます。思ったことは何でも言葉にするのが当たり前のイタリア人と比較すれば、確かに私はおとなしい部類でしょう。かといって今よりおしゃべりになるなんて私には不可能です。たとえ「マリが静かだから場が盛り上がらない」と言われても、知ったこっちゃありません。この年になって彼らに納得してもらうため、自分の性質を変えるなんて無理です。他者が勝手に決めた「人のあり方」にわざわざ応えるため、自分の性格を変える必要なんてありません。人というのはさまざまで、おしゃべりもいればおとなしい人もいるのが世の中です。

そもそも話が上手イコール積極的、自信のある人、という解釈もちょっと違うと思います。私の周りには（もしかしたら私も）自信のなさをおしゃべりや積極的に振舞うことでカバーする人もいます。あなたの思い描く積極的で自信家の人というイメージに惑わされてはいけません。おとなしくても、しっかり日々の生活や社会と向き合ってさえいれば、おのずと自信は付くものです。

あなたはしっかり子供も育て、51年という歳月を経て今に至っているわけです。ということは、ありのままのあなたでも十分だということではないでしょうか。毅然と、あなたらしい生きざまに堂々と自信を持てばいいと思います。

他者に応えて自分を変える必要なんてない

Q 見え透いた涙に自己嫌悪

自己演出のために泣く自分が情けないです。本来泣き虫ですが、いい年して人前で時々涙を見せてしまいます。本心から悲しい時と、心のどこかでとっさに「泣いたほうがしおらしく見える」と思う時です。送別会やクレーム対応の時、周囲から慰められると泣いてしまいます。見え透いた算段をする自分も、軽々しく涙を流す自分にも嫌気がさします。つらくても涙を流さなくなる方法を知りたいです。

（25歳・女性）

A

私は若い頃から、日常当たり前のように泣いたり怒ったりする人たちに囲まれて暮らしてきました。が、いまだにそういった人々の〝取り乱し〟には慣れません。まず、自分自身が涙もろいので、つらそうにしている人を見ると、時にはその人以上に落ち込んでしまうこともあります。そんな私の弱みを知っている人から、気まずい状況で泣き落としをされたこともありました。なので、私は人の泣いているところはなるべく見たくありませんし、涙を武器に使う人も苦手です。

あなたはどうですか？　泣いている人を目の当たりにすると、かわいそう、慰めたい、守りたい、許したい、そういった同情といやしのスイッチが入るのではありませんか？　だからこそ、あなたも涙によってそういった第三者の気遣いを求めている可能性があるのではないでしょうか。おそらく「私はあなたたちが思っているほど強くない」とアピールしたい気持ちが強くあるのでしょう。つまりそれは、あなたもつらさを抱えて生きている、という意味になります。ただ、涙で得られる人の情は、あなたの胸中の寂しさや孤独を補ってくれるほどの効力はありません。

涙という手段を使わなくても、あなたが寂しくならないすべを、人間との接触以外で見つけるべきかもしれません。私なら、定番の答えではありますが、やはりひとり旅に行くでしょう。涙や人に頼らなくても、自分で自分を支えられる努力をするのは大事だと思います。

涙で得られる人の情は、孤独を補うほどの効力もない

Q 前向きに努力するには

学生時代から目標を持つことにプレッシャーを感じながら生きてきました。就職活動の時も「納得」と「覚悟」を持って取り組める仕事はないか悩み、就職浪人をして今の仕事に就きました。でも、仕事もスピード感についていけず、自信を失い、負のスパイラルです。人と比べて前向きに努力できない自分を情けなく感じます。達成感もなく疲労感しか残らない。前向きに過ごすため足りないものは何でしょうか。（20代・男性）

A

あなたの悩みを別の例えで表現してみます。

社会の就労者に対する評価の基準を「服装」に置き換えてみましょう。世間が推奨する型のスーツをスマートに着こなす人を目指して、あなたは自分の体形に合わないそのスーツに無理やり体を押し込めようとしている。周りで皆がスマートに着こなしているのを見て、なんとかスーツに袖を通してはみたものの、圧迫されて苦しいだけで身動きもままならず、着心地は全くよくない。

圧迫感から解放される手段はいくつかあると思います。まずはスーツを着こなせるようトレーニングをして体を絞る。またはスーツは諦めてラフな服に着替えるか、潔く素っ裸のままで過ごす。あなたに足りないものがあるとすれば、自分自身を分析する客観的な意識かもしれません。周りばかりを気にし過ぎていて、本質の自分が見えていない。

〝理想〟や〝目標〟という言葉は立派な響きを持ちますが、等身大に合っていない無理をすると、必ずどこかで限界がきます。

社会の基準や評価ばかりを意識し、自分に不向きな仕事を強いて心身がボロボロになったところで、世間はあなたをねぎらってくれるわけでもなく、責任を負ってくれるわけでもありません。目標や理想という〝妄想〟から一旦気持ちを離し、負担を感じないでできる仕事をいろいろ経験しつつ、あなたが等身大で頑張れそうなものを焦らずに探してみてはどうでしょうか。

足りないのは、自分自身を分析する客観的な意識

Q

失敗が頭から離れない

僕は学生の頃にいじめに遭い、成績や運動神経も極端に悪く、醜態ばかりでした。社会人になっても仕事内容が合わなかったり、好きな仕事も契約満了で辞めざるを得なかったり。仕事中も休日も過去の挫折や失敗が頭から離れず、悩まされています。

（31歳・男性）

A

あなたは自分にどのようであってほしいのでしょう。学業も運動も優秀、友達にも恵まれ、仕事も自分に合っていて、失敗も挫折も後悔もなし。社会的欠点は一つもない生き方は、あなたを自信で膨らますことでしょう。

でも私の目から見ると、そんな順風満帆な人生は不完全です。屈辱や悲しみ、失望や疑念といった、経験したくない感覚や感情を全て避けた生き方は、人間として与えられた機能を使いこなせていないという意味になります。子供の頃から無菌室の中で良い栄養分しか与えられずに育つのと同じで、そういう人は外気に触れただけでも病気になってしまいます。

まず、自分をどうしたら思い通りにできるのかよりも、自分というありのままの人間を受け入れてあげましょう。そして恐らく、あなたはもっと忙しいほうがいいのかもしれない。忙しくしていれば、自分の苦い過去を思い出したり、自分ってどうしてこうなんだろう、なんて思いにさいなまれたりするゆとりは無くなると思います。

あなたは自分自身を、「自分へのこだわり」という見えないかせで拘束しています。そのかせを外せば、きっと楽になりますよ。そしてもっと利他的な方向に視線を向けてみてください。他者をおもんぱかったり助けてあげたりするような活動もいいでしょう。そうすると今までの失敗や挫折も精神の肥やしとなり、つらい思いをしながらも頑張って生きてきた自分をもっと好きになれると思います。

順風満帆な人生は不完全

Q 性別観、理解されるか不安

私は、生物としての性とは別に、プライベートでは男女の性別を無くして生きたい、「Xジェンダー」に近い人間です。最近告白され付き合い始めましたが、理解されるか不安でまだ性別観を明かしていません。告白を受けた時に言うべきだったのかもしれませんが、信用できる人かわかりませんでした。傷つけずうまく伝えるアドバイスをください。

（26歳・性別非掲載希望）

A

残念ながら、この世の中においてXジェンダーを理解できる人は、まだそう多くはないでしょう。あなたの告白を冷静に受け止め得る人は限られると思います。

告白の方法としては、例えばあなたの言葉や振る舞いの中に徐々にXジェンダー性をのぞかせていき、自然に気付いてもらうというのもありでしょう。または、遠回しに「Xジェンダーの人ってどう思う？」と聞いてその反応を見るというやり方もあります。

ところで、私がこの質問で一番気になったのは、あなたがお付き合いをしている相手への気持ちです。あなたは、その人に対してどんな感情を抱いているのでしょうか。信用できるかどうかは不明だけど付き合ってみた、というのは、その人を恋愛としての対象ではなく、単純に自分の理解者になり得るかどうかが決め手だった、という意味にも受け取れますが、あなたの告白で傷つくかどうかは、あなたが抱いているその人への思い次第だと思います。

もしあなたも恋愛感情を抱いているのであれば、相手の人の気持ちを敬う意味でも、丁寧に、そして勇気を持って真実を告げるのは必要だと思います。相手に対するあなたの思いがしっかりと根付いていれば、たとえ思いがけない告白に驚くことはあっても、きっと頑張ってあなたを理解しようという気持ちになるだろうと思います。

「告白」で傷つくか否かは、あなたのその人への思い次第

Q これから先、独身で耐えられるか不安

3年前に付き合っていた人と別れ、独身のまま37歳に。仕事はこなしているものの、これから先も独りでいることに耐えられるのか不安です。結婚に前向きに行動できない中で既婚男性からちょっかいを出されることが増え、むなしい気持ちになります。せめて安定した人間関係を築くにはどうしたらいいでしょうか。

（37歳・女性）

A

既婚男性があなたに近寄ってくるのは、彼らがあなたの孤独感や寂しさを嗅ぎつけているからですね。そういう女性であればタブーである関係性も拒絶はされないし、何かと都合がいいと思うからでしょう。

孤独感と寂しさは、そういった付属的現象も含めてとても凶暴です。人間社会で発生する問題点の多くは、こうした孤独感や寂しさが要因ですが、人間は本来群棲《ぐんせい》の生

き物ですから、生物学的にも単独で生きていくことはできません。家族にも社会にもよりどころのない状態が長く続くと人は精神的に追い詰められ、時には宗教に逃避したり、生きる勇気さえ失ったりすることもある。伴侶や子供に恵まれてですら寂しさにさいなまれる人がいる。それを踏まえると、孤独感は人間にとって生きていく上での大きな試練だと言っていいでしょう。

でも、こうした感覚は人間にとって必要不可欠だと私は思っています。孤独感や寂しさが原動力となり、素晴らしい作品を生み出した表現者は数知れません。孤独感は人間の感性を深め、思考力、生命力、そして精神力を鍛えてくれます。本をたくさん読んだり、映画を見たり、時には大自然の中に出かけて地球に守られている感覚を実感したりするのも大事です。孤独感を人とのかかわりで補うことに頼らず、良質の栄養を与え、仲良く付き合うことができれば、不安定な人間関係もきっと避けていけるでしょう。

孤独感は、人間が生きていく上での大きな試練

Q

美大に行けず虚無感

美術大学を志望していたのに親の反対で志望を変え、現在某国立大に通っています。アート系の設備も先生も少なく、美大をうらやましく思ってしまいます。美術に没頭したかったのに、今は興味のない科目をこなすだけで、それらが将来に関わるかもわからず虚無感でいっぱいになります。どうしたら自分の進路を前向きに考えられるようになるでしょうか。

（20歳・女性）

A

自分のやりたいことだけに没頭したいという思いは、あなたに限らず、多くの人の胸のうちにあることだと思います。私もそうでした。17歳でイタリアの美術学校に入りはしたものの、ある日イタリア人の老作家からこんなことを言われました。

「人生経験も足りず、世界の情勢には無関心で、自分の国についてもイタリアの歴史についても何も知らない。絵の具だけで絵を描こうとしているのなら大間違いだ」

結局、留学時代の11年間は極度の金銭不足でアルバイトに奔走し、美術だけに没頭することはかないませんでした。でも、あの頃の数々の経験や人との関わりから得られた知識は、その後の私の仕事に満遍なく役に立ってくれています。

そういえば、かつて漫画家の赤塚不二夫氏が、先輩である手塚治虫氏に対して、どうしたら面白い漫画が描けるのかと質問をした時の手塚氏の答えはこうでした。

「それならいい小説を読みなさい。いい音楽を聴きなさい。いい映画や演劇を見なさい。漫画から漫画を学ぶな」

あなたが今美術と関係のないことを学んでいるのは何の無駄でもないのです。それでも美術の勉強がしたいのであれば、学習環境に頼らず、独学でできる範囲のことをどんどん学んでいけばいいのではないでしょうか。

「絵の具だけで絵を描こうとしているのなら大間違い」

Q 自己中心的な自分がいや

「あなたは世界が自分中心に回っているよね」と親しい友人から言われるし、自分でもそう思います。小さい頃から、私は自己中心的でわがままな性格です。そんな自分がいやでいやで、自己嫌悪に陥ります。どうすれば世界を他人中心に回せるでしょうか。そんな疑問もまた、自己中心的な発想なのかもしれないのですが……。

（23歳・女性）

A

大抵人というのは成長の段階で、世の中とは決して自分の思い通りにはならず、協調しないと疎外されてしまうという不安にさいなまれて、自己中心的にならないよう軌道修正していくものです。あなたにはおそらく、その必然性があまり無かったのかもしれませんね。

私は今まで暮らしてきた国々で、あらゆる自己中心的な人たちと接触してきました。でも、自己中心的な人の比率が高い国では、そういう認識も無くなるのか、彼らは普通に社会に受け入れられて生きています。わがままな人がいるのは人間の社会では当然であり、そういう人との付き合いにも慣れているのでしょう。そう考えると自己中心的な人を排除したがる人や社会こそ、自己中心的じゃないのか、と感じてしまいます。

自己中心的な人には、あなたのように自己嫌悪に陥る人が多いのも事実ですが、そういう人格ゆえに大きな結果を出して称賛された人もいます。アップルを創業した企業家のスティーブ・ジョブズなどが良い例です。

誰かを傷つけたり、悲しませたりするのでなければ、今の人格を無理に変える必要はないと思いますが、自己中心的な人を客観的に知るために、さまざまな映画を見たり小説を読んだりするのも参考になるかもしれません。

自己中心的な人を排除する人や社会こそが自己中心的では?

Q 報われない人生、つらい

人生は苦しすぎます。小学校ではいじめられ、中学受験も失敗。中高時代も仲の良い友達はできず、大学受験期に両親が離婚し、幸せだと思っていた家族さえも壊れました。東京都内の私大に通っていますが、頑張って勉強しても報われない。うまく生きていくすべを持ち合わせていないのがつらい。真面目すぎる人ほど報われない世の中は理不尽です。

（18歳・女性）

A

私たち人間は、理想や目標を持って生きることを推奨されますが、そうした自分への〝理想〟のせいで、苦しい思いをしている人は少なくありません。自分の存在に特別な意味を求めたり、頑張った分だけ報いがあると必死になったりすればするほど、結果を得られない現実に対してつらさばかりが募ります。

あなたは今、自分自身に対し「成功して幸せな人生の勝ち組となる」という理想達成への義務感と、真面目に頑張りさえすれば結果は得られる、という信念への挫折で自らを追い詰めているようですが、はっきり言います。真面目さというのは報いを得るため意図的に身につける手段ではありません。人は本心から熱心になれることがあれば、無意識のうちにおのずと真面目になるものです。そもそも生きるというのは大変なことなのです。生まれてしまったら生きるだけ。報いなんて求めたら余計苦しくなるだけです。

ただし、あなたが感じている孤独感や失望感は必ず役に立つ時がきます。実際あなたはつらい感情から逃げずに向き合い、現実を受け止め、自らの置かれた状況を冷静に分析できている。それこそがあなたの本来の真面目さだと思いますが、たまには怠けるのもいいでしょう。余計な思惑から心をほどいて、深呼吸をして、生きていることへのシンプルな安堵《あんど》を感じてください。

真面目さは報いを得るために身につける手段ではない

Q
25歳、働かない兄の将来が心配

同居する25歳で無職の兄が心配です。5カ月前にアルバイトを辞め、家族ともあまり付き合わず、寝て過ごしています。私はこの半年、自分が家事などで頑張る姿を見せることで変化を期待しましたが、その兆しは一向に見えません。母は去年他界し、父は状況を深刻にとらえていませんが、今手を打たなければ、兄は引きこもりの一途をたどりそうで不安です。

（22歳・男性）

A

私たち人間は、さまざまなガイドラインに沿って生きています。何歳から何歳まではどういった教育を受けるべきか。その後何歳くらいで社会人として自立すべきか。社会におけるそういった流れからそれないよう、皆足並みをそろえて生きていますが、人間にも個人差はあるので当然ながら周りと同じ速度では進んで行けない人も存在します。

例えば、勉強に向けられる集中力のピークが13歳や17歳の人もいれば、20歳を過ぎてから急に勤勉になる人もいます。社会では誰も彼もが学校を出てすぐに就職するものだとされていますが、中にはいったん立ち止まる必要のある人だっているでしょう。

まっとうに社会のガイドラインを受け入れて生きているあなたにしてみれば、世間の足並みからそれて行こうとしているお兄さんの将来をおもんぱかって不安が募るのも十分理解できますが、そこで立ち止まりたい彼の背中を無理やり押したところで、それが解決策になるとは思えません。

まずはお兄さんを責めたり否定したりはせずに、できる限り言葉を交わしてみたらどうでしょうか。まずは、あなたの考えをお兄さんに理解してもらうのではなく、あなたがお兄さんを理解しようとする姿勢を見せること。立ち止まりたいお兄さんを認め、安心させることから始めるのが肝心だと思います。

まずは、立ち止まりたいお兄さんを認めるところから

Q

気さくに雑談できない、自分を出せない

事務のパートですが、人見知りでおとなしいため職場で気さくに雑談することができません。同僚とはあいさつや業務の話をするだけです。以前の職場では話せない自分が情けなく、1年で辞めました。「仕事ができていたらいい」とも思うのですが、自分を出せないことが苦しくて仕方ありません。家族や友人とは普通に接しています。アドバイスをください。

（56歳・女性）

A

社会の中で積極的に自分を出せない。そんな人はこの世に数限りなくいるでしょうし、人前で積極的な人がいてもその人が自分らしさをあらわにしているとは限りません。

例えば私は外国在住期間が長く社交性のある人間だと思われがちですが、実際は極

度の人見知りで、大勢の人が集まる場所へ行けば、帰宅後には必ず自分が無理をしたことで疲弊し、落ち込みます。ただしそうした側面も生きていくために自然と身につけてしまった自分の性質であり、受け入れていくしかありません。職場ではおとなしくなってしまうというあなたの側面もまた、あなたの潜在意識が厳しい社会で生きていくために身につけた手段であり、あなたの本質だとも思うのです。

人というのは「自分はもっとこうだったらいいのに」という理想を自らに課しがちですが、実際そうやって自分を意図的に変化させてみても、必ずどこかでバランスが崩れて逆に苦しい思いをすることになるでしょう。あなたが職場で人と闊達《かったつ》に交流ができるすべをこれから身につけたとしても、それは演技のようなものでしかありません。私たちの本質は、私たちの意識以上に、自らに適応した振る舞い方というのを知っているのです。

何より、あなたがありのままの自分でいられる家族や友人がいるのであれば、もうそれで十分じゃないかと思います。

私たちの本質は、自分に適応した振る舞い方を知っている

8

揺れる思い。選ぶならどっち？

水晶の器を、こわしはしないかと
気にしているうちは、こわすね。
用心深すぎる手と、
不注意な手は、おんなじなのだ。

――マルティアリス『エピグラム』

Q 「好きでもないのに愛される」のは幸せか

先日、友達だと思っていた男性に付き合ってほしいと言われました。彼はとても優しくてマメな性格で、一緒にいて楽しいのですが、私にはほかに好きな人がいます（すでに振られていますが）。彼はそれでもいいと言ってくれますが、私は彼を好きになる自信がありません。「失恋には新しい恋」といいますが、私は幸せになりたいのです。好きではない人と付き合い、愛されるのは幸せでしょうか。

（20歳・女性）

A

人には、誰かを愛することで満たされる人と、愛されることで満たされる人がいると思います。相思相愛が一番ではありますが、男女の関係はそう都合よくはいきません。人によっては相手と若干の温度差や違和感があっても、それを調整したり諦観したりしながら長く付き合っていくことができるでしょう。半面、本当に波長の合う人でなければ一緒にいるのは無理、と独りを通す人もいます。

恋愛の考え方には個人差がありますが、少なくとも私は常に高揚感と知的な触発を与えてくれる人でないと付き合いたいとは思えないので、相手がどんなに自分を思ってくれていても、一緒にいてつまらなければパートナーには選ばないでしょう。最初は自分をその気にさせられても、無理という負荷があれば別れてしまうのがオチです。失恋の癒やしにしても、一時しのぎに誰かと付き合うよりは何か別の手段を考えます。

ただ、この世には、自分の理想でも何でもなかった人と付き合ってみたら実はとてもウマがあった、大好きになった、という人もいます。理想というのは妄想という成分でできているので、理想の人＝自分を幸せにしてくれる人、とは限りません。だから、あなたに思いを寄せているその人とも、付き合ってみないと気付かないことがあるかもしれませんよ。あなたはまだ20歳です。たくさんの出会いを経験しても損はないと思います。

理想の人＝自分を幸せにしてくれる人、とは限らない

Q 北国、南国　生活するならどっち？

若い頃は冬が好きでした。暖房の利いた室内に入った瞬間のうれしさや、露天温泉で首から下が温まって頭だけクールという快感。年を取って寒さがこたえるようになり、常夏のハワイや温暖な地中海沿岸への憧れが増すばかりです。リタイア後に海外で暮らすとしたら、芸術や文化の面で魅力的な北国か、気候に恵まれた南国か、どちらがよいだろうかと悩んでいます。ヒントをいただけないでしょうか。

（59歳・男性）

A

今までいろんな国々で暮らしてきましたが、文化、気候、風土、治安と全ての面において理想郷だった、という場所は思い浮かびません。現在は夫の実家のある北イタリアに暮らしていますが、この国では難民や移民の問題が深刻化しており、南部は犯罪組織の巣窟にもなっています。ですがイタリアは風光明媚《めいび》な芸術大国であり、食べ物も美味。知的触発にも事欠きません。好き嫌いは別として、どうやら波瀾《はらん》万丈体質の私には合っているようです。

かつて7年暮らしたポルトガルのリスボンにも家があるので時々戻っています。ハワイの大学に通っている息子も将来は、平和な子供時代を過ごしたポルトガルで暮らしたいと思っているようです。人々も良いあんばいに謙虚で温厚。難点や不便さはあっても、生きていくのにはある程度の緩さと諦めが必要であることを、さまざまな経験によって自覚している国という印象があります。

最近仕事で訪れた瀬戸内の島々にも、そんなポルトガルの空気をほうふつさせる魅力がありました。昨今は文化的町おこしで観光人気も上がっている地域です。何気ない日常にささやかな幸せが宿っていそうなあの雰囲気は、今の日本では得難いもののように思われます。

まずはご自身が気になる場所を視察目的で訪れてみるべきかもしれませんね。ご自分の目と直感力に判断してもらうのが一番かと思います。

自分の目と直感力に判断してもらうのが一番

Q 老人ホームで消えた指輪

80代の母が入居する介護付き有料老人ホームで、指輪がなくなりました。大事にしていたダイヤモンドです。母は個室で生活しており、寝る前に枕元に置いたはずが、朝起きたら消えていたといいます。施設職員の方々は日ごろから、本当に申し訳ないほど、母によくしてくれています。誰かが盗んだとは考えたくありません。家族は警察に届けるべきだと言いますが、どうすべきかと途方に暮れています。（40代・女性）

A

紛失か盗難か以前に、見当たらなくなった貴重品があることを施設の人に告げ、とりあえず一緒に捜してもらいましょう。できれば盗まれたと信じたくない気持ちは分かります。でも何事も可能性はゼロではありません。盗難の可能性がぬぐえない場合は家族のご提案通り警察に届けるか、または人の出入りのある場所に大切な物を持っていったことがそもそも失敗だったと、すっぱり諦めるしか選択肢はないでしょう。

私の暮らすイタリアのように疑いと裏切りの積み重ねの歴史でできている国では、信頼や信用は社会における社交術であって美徳ではありません。彼らにとって信じるという行為は〝きれいごと〟。裏切り行為に対して嘆けば「信じたお前が悪い」という反応は必至です。

以前、イタリアの実家で家族同様に付き合っていた家政婦の人が、貴金属を次々と盗んでいたことが分かりました。姑は彼女に直接忠告しましたが、2度目の発覚時には、これ以上信頼でつながっているフリを続けるのは誰のためにもならないと判断し、警察に訴えました。家族のような付き合いをしていても、それはそれ、これはこれ。

今回の件が盗難であろうとなかろうと、施設の人とは今までと変わらぬ信頼の社交関係を保ちつつも、猜疑心《さいぎしん》があるのなら、はっきり表に出すべきだと思います。この先、再び同じようなことで悩まないためにも。

所変われば、信頼や信用は美徳ではない

Q
恋人がアメリカに帰国。移住のチャンス？

交際中の恋人が来年アメリカに帰国する際に一緒に行くべきか、遠距離恋愛をすべきか悩んでいます。結婚はまだ数年は様子を見るつもりです。アメリカの〝大資本主義〟が好きになれず、できればヨーロッパに住みたい私。彼とは意見の相違がありります。私には小学校低学年の子供がいて、移住は無謀なチャレンジにも思えますが、「いつか外国に住みたい」という中学時代からの夢を諦めきれません。

（28歳・女性）

A

好きか嫌いか以前に、まずアメリカが外国人の移住に厳しい国であることをご存じでしょうか。〝恋人と一緒にいたい〟という理由だけでは長期の滞在許可は下りません。まず移住を認めてもらうビザを取得する必要があります。未成年の国家間移動に関して厳しい国際条約があるので、お子さんも一緒となると更にハードルは上がります。

こういった現実的な問題は欧州も同じです。単に外国に暮らしてみたいという人に、手放しで移住を承認してくれる国はめったにありません。どこであろうと、そこで生きていくには、仕事や留学、または現地の人と結婚するなど、移動しなければならない具体的な目的や理由を持つことが必須と言えます。

相手の方とは熱愛中で結婚を考えている、というわけでもないのであれば、一緒にアメリカへ行くという考えは破棄した方がいいかもしれません。付いて行ったはいいものの、ビザも滞在許可もないとなると、不法滞在扱いになって強制送還になるだけです。テロや難民問題など社会情勢が混乱している昨今では、どの国でも外国人移住の法令が一段と厳しくなっています。困難があっても貫く力となる滞在理由や目的がないのは、お子さんを育てている立場を考慮するとお勧めできません。

どうしても諦められないのであれば、とりあえず、お子さんと2人きりで頻繁に海外旅行をしてみるのがいいと思います。

手放しで移住を承認してくれる国はめったにない

Q

伴侶の条件に「面白い」は変？

中2女子です。友達4人で「どんな男性と結婚したいか」を議論していて意見が孤立しました。私の優先順位は、①話していて面白い人②楽器が弾ける人③スポーツの才能がある人。友達の人気は「優しい人」「頭がいい人」「外見がかっこいい人」「収入面で将来性がありそうな人」。でも、話がつまらなければ一緒に生きるのはつらいと想像します。何が大事かは人によって違うと考えていいでしょうか。

（14歳・女性）

A

もしすべての女性が結婚相手を「優しい」「頭がいい」「外見がかっこいい」「収入面で将来性がありそう」という基準で選ばなければいけなくなるとすると、やがて子孫の存続は途切れ、人類は滅亡するでしょう。周りを見ればわかることですが、この世にはさまざまな人たちがいて、多様な人たちが皆どこかで自分に合う相手を見つけては家族を作っているのです。

伴侶への理想や結婚の価値観は皆それぞれ違います。お友達のように社会の評価や自分の将来の安泰を保証してくれる一般論的にハイスペックな男性よりも、楽器が弾けたり、話が面白かったりと個人のクオリティーを重視したいというあなた自身がまず周囲の見解にとらわれない性格なのだと思いますし、日本にはもっとそういう人が増えてもいいと思います。

私も若いときから好きになるのは独特な生き方をしている人ばかりでした。大抵社会性も経済力もなく、友人たちに「どうしてあんな人を」とあきれられることもありました。でも私にとって何より大切なのは知性や価値観を分かち合えるかどうかでした。他者にとってステキな人があなたにとってもステキな人というわけではありません。周りの人の理想や嗜好も参考になる場合はあります。でも恋愛や結婚は誰のためでもない、あなた自身のものです。最終的にはあなたの判断で自分に合うと思う伴侶を自由に見つければいいのです。

全女性の結婚の条件が同じなら、やがて人類は滅亡する

Q 恋をしたいけれど男性が怖い

私には恋人がいません。恋をして男性と仲良くなりたいと思いますが、男性が怖いのです。同級生に紹介された人から「胸を触らせて」と言われたり、ナンパされて胸を触られたり、職場で上司からお尻を触られたり……他にもいろいろありました。私の同級生や友達は、結婚していたり子供がいたりします。過去の被害がトラウマになって忘れることができず、次の一歩が踏み出せません。

（26歳・女性）

A

過去に男性からひどいことをされたトラウマが原因で、男性に対して拒絶反応を感じる心理を男性恐怖症と言いますが、改善の難しい重度の男性恐怖症の人は、あなたのように「男性と恋をしたい」という気持ちにすらならないでしょう。人によっては男性がそばにいるだけでダメ、と感じる場合もあるようですが、あなたの恐怖感はそこまで達してはいません。だから、十分改善可能なことのように思えます。

もともとあなたには、男性という存在に対して自分なりのイメージがあったために、想定外の行動に出られたことがショックだったのかもしれません。まずは、結婚していたり子供を持っていたりする周囲の友人と自分を比較するのはやめるべきです。その焦りがあなたの男性への拒絶感に拍車をかけているように感じます。周りから後れをとりたくない、だから恋をしたい、彼氏がほしい、結婚がしたい、という気持ちばかりがせいてしまい、本当に好きでもない人と仲良くしようとして嫌な気持ちが発生してしまった、という可能性もあるからです。

カウンセリングに行くという手段もありますが、あなたにもし「男性はこうあるべきだ」という思い込みがあるのなら、まずはそれをやめ、時間をかけて男性の見方を変えていくよう心がけてもいいと思います。何より、本当に心底から大好きな人が現れれば問題はおのずと解決するような気がします。

心底好きな人が現れれば問題はおのずと解決するような

Q 大嫌いな母の余命わずかに

母ががんと診断され、医師から「もっても2年程度」と言われました。私は母が大嫌いです。自分の思う通りに私を育てようと、怒鳴ったり、殴ったりしました。努力しても母の思うような娘になれず、殺意も覚えました。家を出た今も会うとうんざりします。悲しく、寂しいけど、そばにいても傷つけ合うだけだと思います。ただ何もしなければ後悔するのもわかっています。どう向き合えば良いでしょうか。（27歳・女性）

A

この世の多くの母親は、子供に対して一方的な妄想や願望を募らせ、その通りになってくれないと悲しんだり、不安がったり、憤ったりします。志願したわけでもないのにこの世に産み落とされたうえ、母親の思い通りに生きていかねば存在を否定されたように不安がられ、怒られる。そんな不条理に耐えられず、母親への拒絶感や嫌悪を覚えてしまう人はこの世に間違いなく大勢います。

客観的に捉えれば、あなたはお母さんにとって、彼女自身の生きる不安や葛藤をあらわにできる唯一の存在だったことが分かります。そしてあなたは、彼女のそんな母親にあるまじき必死さや弱々しい頼りなさが許せなかったのでしょう。

でも、もしあなたの怒りの根源が「母親というのは普通だったらもっと優しく寛容で、子供にとってはいつも味方で頼れる存在であるはず」などといった理想とのギャップにあるのだとしたら、あなたも自分勝手な思いをお母様に向けていたことになります。親子の関係なんてのはそんなに都合良くできていません。むしろ人間付き合いの中で最も面倒だと言ってもいいくらいです。

余命わずかと宣告されたお母様はおそらく誰にも計り知れない思いを抱きながら毎日を過ごしているはずです。ここはもう、好き嫌いとか、損得勘定といった次元から視点を変え、ひたすら親切に接してあげるべきかと思います。お母様のわがままに動じない、あなたの寛大な態度は何より彼女を深く安心させるはずです。

ここは好き嫌いや損得は抜きにひたすら親切に

Q 両親が離婚。両方立てるには

両親が数年前に離婚。お互いに「もう顔も合わせたくないし、話を聞くのも嫌だ」という状況ですが、親子関係は良好です。家を出た母ともよく出かけます。しかし、将来私の結婚式や出産など親が参加するイベントで、どちらを呼べばいいかわかりません。母は「参加しない」と言い出しそうです。ただ、仕事で忙しい父に代わって育ててくれた母にその仕打ちは親不孝だと思います。アドバイスをください。（23歳・女性）

A

その日がきたら、あれこれ考えずにとりあえず普通にお父さんもお母さんも招待をしたらいいのではないかと思います。どんなに仲が悪くても、娘であるあなたの晴れの舞台にはやはり親子そろっていたほうがいいと判断してくれるかもしれませんし、その場で大げんかというのも通常の良識であればないでしょう。もし仮にどちらかが「参加しない」と言えば、それはそれで無理強いはせずに、彼らの気持ちを理解してあげるしかないと思います。あなたの文面からすると、どちらかと言えばお母さんには参加をしてもらいたいという意図がうかがえるので、彼女がどうしても元夫に会いたくないというのなら、お父さんにあなたの考えを伝えていいと思います。その代わり、お父さんとは別のかたちでお祝いをすればいいだけの話です。

世の中の人間関係は家族も含め、自分の思い通りにならないことだらけです。あなたは親不孝を気にしているけど、それ以前にあなたのご両親だって娘に十分つらい思いをさせてしまった。「来るな」と言われたらお父さんは傷つくかもしれませんが、そういう顛末を導いた彼らの責任でもあるのですから受け止めてもらうまでです。

そんなことより、正直この案件は、あなたがいずれ本当に結婚をしたり、出産をしたりという立場になれば今のようなさまざまな妄想や臆測は払拭され、もっと現実的な判断ができると思います。その頃にはご両親も今より寛大で穏やかになっているかもしれないのですから。

その日が来たら、あれこれ考えずに両方招待

Q 将来の夢を絞れない

私は幼少期から刑事、獣医師、児童福祉司など、なりたい職業がコロコロ変わる子でした。好奇心旺盛故に将来の夢を絞れません。就きたい職業のため日々勉強している友達を見ると羨ましくなります。自分の向かっている道は正しいのか、人生で正しい選択など存在するのか、思案してしまいます。こんな先の見えない中で、理想の大人になれるのでしょうか。

（17歳・女性）

A

そういうことなら、いっそ何でもやってみたらどうでしょう。そもそも17歳という年齢で、自分にどんな仕事が合っているのかを見極めるのは難しいと思うのです。やってみたい仕事と、自分に合っている仕事は違います。自分が備えたスキルとやる気を潤滑に発揮できる仕事と出合うには、さまざまな経験を積まなければならないでしょう。

一つの職を定年まで続ける終身雇用という体系は、日本独特のものです。アメリカのような国々ではさまざまな職種を経験してきたり、多様なスキルを身につけてきたりした人のほうが重宝されますし、評価されます。日本の終身雇用という概念も、それほど重要ではなくなる日がくるかもしれません。

ちなみに私は漫画家になりたくてなったわけではありません。今まで経験した職業も職種もさまざまですが、自分の将来に対して理想や妄想があったわけではないので、気楽に何にでも挑戦することができました。その結果、40歳ごろになって初めて漫画という仕事なら続けていけるということがわかりました。

誰にも先が読めない人生には正しい選択も間違った選択もありません。肝心なのはどんな境遇にも向き合える順応性を養うこと。今はどんな仕事がしたいかを決めるよりも、教養と知識、そして失敗も含むさまざまな経験をたくさん積んでください。くれぐれも理想にはしばられないように。

誰にも先が読めない人生。選択に正しいも間違いもない

Q 入社1年、重圧で退職を悩む

入社1年目。営業がうまくできず、書類の納期などの約束事も守れず、上司の信用は皆無です。なのに異動で重要な顧客を任されることになり、重圧で退職を考えています。そんな中、現在住む父の社宅の期限が近づき、家族で家を買う話が浮上しました。買えば私もローンを抱え会社を辞めにくくなる。苦痛な会社を続けるか、辞めて家を諦めるか、悩んでいます。

（23歳・男性）

A

もしあなたが自分一人の力で生きていかなければならないような状況だったとしたら、または養わなければならない家族が一緒だったとしたら、おそらくこんな悩みを投稿している場合ではなかったでしょう。

私からしてみると、ご家族と同居しているという安心感があなたに退職や家の購入を諦めるといった選択の余地を与えているように感じます。本当に切羽詰まった状況下にいる人であれば、どんなにつらくて嫌な仕事であろうと必死で続けていくしかありません。

比較はナンセンスかもしれませんが、私の場合は子供を育てるために仕事のえり好みなどしている場合ではありませんでした。そういう過去を経てきた立場からしてみると、何はともあれ、しっかりとした仕事を持てているあなたが羨ましいくらいです。

特に今のようなご時世では、就職することもできずにつらい思いをしている人がたくさんいます。営業がうまくできないことも、上司から信用されないことも、生活費すら稼げずに苦しんでいる人たちにとっては、ぜいたくな悩みにしか思えないでしょう。

家を買うにせよ買わないにせよ、まだ就職して1年目なのですし、もっと続けてみないと分からないこともあるはずです。嫌な思いもその後の肥やしになると思って、もう少し頑張ってみたらいかがでしょうか。

切羽詰まっていない状況が選択の余地を生んでいる

Q 結婚10年。夫と趣味や価値観にずれ

趣味や価値観の一致から夫と恋愛結婚しましたが、10年がたち政治的な意見や趣味にずれが生じるようになりました。夫の会社を手伝っていますが、女性社員への差別的な考え方やサボる姿に触れ、気持ちが冷めてきています。そんな中、別の男性から酒席で遠回しに好意を伝えられ、揺らぐ自分がいます。趣味や思想も驚くほど似ています。どうしたらいいのか。自立して一人で生きた方が良いのでしょうか？（33歳・女性）

A

率直に思ったことをそのままお伝えします。もし仮にあなたが今のご主人と別れ、好意を寄せられた男性のほうへ行ったとします。達成感をもって新しい恋愛を謳歌《おうか》するかもしれません。でも10年後、今回と同じように「趣味や性格の一致から恋愛をして一緒になりましたが、考え方にズレが生じるようになり惑っている」

という相談があなたから再び届く可能性も無いとは言い切れません。

　恋愛のほとんどは、都合の良い思い込みというトッピングで形成された感覚です。結婚という概念の捉え方は人それぞれですが、恋愛結婚の場合、一緒になった人に最初に抱いていた感情が、全くそのまま持続するのはまれなこと。それでも人は結婚の捉え方をあれこれアレンジして、一緒になった人と共に長く暮らしていこうとする。

　でも、リスペクトできない相手との暮らしは苦痛です。今の夫との関係があなたの精神をむしばむようであれば、離婚ももちろん考えるべきです。でもそれで生活が困窮し、別な苦しみに苛《さいな》まれることになれば最良の解決策とは言えません。

　あなたの今の環境は夫との距離が近すぎる感じもします。まずは経済的自立を目指して別の仕事を見つけてみたらどうでしょう。自分自身に満足ができない状態での恋愛は現実を忘れたくて飲むお酒みたいなもの。不服、不満の根本治療はしてくれません。充足した精神状態になってから、夫との関係や新しい恋愛を考えてみてもいいのではないでしょうか。

恋愛のほとんどは、都合の良い思い込みのトッピング

初出——毎日新聞「人生相談」２０１７年4月19日～２０２１年6月12日
相談者の年齢、年代や回答中の数字は新聞掲載当時のものをそのまま記載しています。